33歳の決断で
有名企業500社を育てた

渋沢栄一の折れない心をつくる33の教え

渋澤 健

東洋経済新報社

はじめに

渋沢栄一は財産を残さず言葉を残した

こんにちは。渋沢栄一の玄孫（やしゃご・げんそん）にあたる渋澤健です。戸籍上は「澁澤」ですが、小学2年生から海外で育った私は漢字を書くのが大の苦手。画数が多くて面倒なので、いつの間にか「渋澤」になりました。そして、みなさんは「澁澤榮一」より「渋沢栄一」のほうが見慣れていると思いますので、そうしましょう。

玄孫というのは、孫の孫のことですから、私は渋沢栄一から数えて5代目になります。

ちなみに、渋沢栄一が世に生を受けたのが１８４０年（天保11年）２月13日（新暦では3月16日）で、亡くなったのが１９３１年11月11日でした。私は１９６１年３月18日生まれですから、栄一が亡くなった30年後に、この世に生まれてきたわけです。

本書では、渋沢栄一が残した言葉をもとに、夢を実現させて持続させるためのヒントを次の5つのテーマに分けて、お話ししようと思います。

- **幸せな人生を手に入れる指針**
- **理想の夢の見つけ方**
- **ともに夢を追う仲間のつくり方**
- **理想の夢を実現させる方法**
- **理想の夢を永続させる方法**

ご存じの方もいらっしゃると思いますが、渋沢栄一といえば実に500社ほどの会社の設立に関与したシリアル・アントレプレナーで、**「日本の資本主義の父」**と言われています。**その彼が行った講演を一冊にまとめた本が『論語と算盤』です。**

いまなお多くの経営者、ビジネスパーソンがバイブルとして読み続けています。

これから本書で、お話しするのは、『論語と算盤』を中心にして、栄一が書いたり、語ったりして現代まで残されている言葉のうち、ビジネスの大海に乗り出していくうえで心に留めておいて欲しいものばかりです。

余談ですが、私を取材しに訪れる編集者や記者のなかには、大いなる勘違いをされている方がけっこういらっしゃいます。私がものすごい大金持ちの一族に生まれ、日々、何の苦労もすることなく生活していると思われているようなのです。コモンズ投信という投資信託の運用会社を経営したり、起業家を応援したり、社会起業家への寄付活動を行ったりしているのは、資産家の余技であるということなのでしょう。

せっかくの機会ですから、この場ではっきり申し上げておきましょう。

私は渋沢栄一の血は引き継いでいますが、資産はいっさい引き継いでいません。というよりも、ここが栄一の立派なところである反面、いまの時代を生きている渋沢家の人間たちにとっては非常に残念なことなのですが……、**栄一は500社ほどの会社の設立に関与しながら、その子孫に財産をほとんど残しませんでした。**子孫が多いということが理由かもしれません。つくったのが会社だけではなかったので……（笑）。

日本の近現代史の授業で「財閥解体」という言葉を聞いたことがあると思います。戦前、日本では三井、三菱、住友、安田という4大財閥が日本経済の頂点に君臨し、その傘下にたくさんの企業の株式を保有して支配していました。いままで言う「持ち株会社」です。

こうした財閥が日本の軍国主義を制度面から支援したと考えた米国政府は、これら財閥を解体し、財閥の構成員、持ち株会社の取締役、監査役を産業界から追放しました。

当然、栄一も500社ほどの会社を立ち上げた人物ですから、財閥のひとつとして指定されましたが、GHQが再調査を行うと、渋沢同族株式会社という持ち株会社は存在していたものの、企業を支配するほどの株数は保有しておらず、財閥の持ち株会社には相当しないという判断が下されました。

もっと言うと、栄一が立ち上げた会社のうち、「渋沢」の名前がついている会社は、現存しているなかでは「澁澤倉庫」くらいのものでしょう。ちなみに栄一が設立にかかわった会社で現存しているものを挙げると、次のようになります（東京商工会議所の調査によると、481社の設立に関与し、186社が現在も存在しているようです）。

みずほ銀行、王子製紙、東京海上日動、帝国ホテル、サッポロビール、東洋紡、IHI、清水建設、いすゞ自動車、太平洋セメント、川崎重工業、第一三共、朝日生命……。

いずれも超有名企業ばかりですが、どれにも「渋沢」の名前は冠せられていません。そういう点では、日本経済の「陰の立役者」的な存在だったのかもしれません。

私は、栄一は子孫に財産も残すことなく、1931年にこの世を去ったと思っていましたが、自分が40歳になって独立して会社を興したことをきっかけに、実は、大切な財産を残してくれたことに気づきました。相続税もかかりません。


それが「言葉」です。

「論語か算盤」ではなく、「論語と算盤」

渋沢栄一が遺した言葉についてこれからお話ししていくわけですが、その前に『論語と算盤』について簡単に触れておきたいと思います。

渋沢栄一と言えば必ず『論語と算盤』が取り上げられるくらいで、彼の代表作といってもいいでしょう。といっても本人がペンを執って書いたものではなく、栄一が晩年に行ったいくつかの講演をまとめた講演録です。

『論語』は、中国春秋時代の思想家だった孔子と弟子の会話を記したもので、孔子の名言集といってもいいでしょう。論語は、日本人が初めて手にした書物と言われています。その中身は、人としての物事の考え方や道徳などについて述べているものです。聞けば知っている言葉がいくつもあると思います。

- **吾《われ》、十有五にして学に志す。三十にして立つ。四十にして惑わず。五十にして天命を知る。六十にして耳順う。七十にして心の欲するところに従えども矩《のり》を踰《こ》えず。**
- **故《ふる》きを温《たず》ねて新しきを知る。**
- **過ぎたるは猶《なお》及ばざるがごとし。**

これらは本当にごく一部なのですが、「故きを温ねて新しきを知る」なんて、「温故知新」という四字成語で広く知られています。

一方、「算盤」は商売のことを指しています。そもそも商売は、他のライバルを出し抜いたり、さまざまな駆け引きが行われたりする、まさに「生き馬の目を抜く」世界ですが、だからといって何をしてもいいというわけではありません。

栄一は、『論語と算盤』を通じて、**「道義を伴った利益を追求しなさい」**と言ったのです。

それと同時に、**「公益を大事にせよ」**とも言っています。

『論語と算盤』が出版されたのは1916年です。大正デモクラシーのなかで経済がバブル化し、若い人を中心にして立身出世、金儲けが注目された時代でもあります。そのような時代背景のなかで、栄一は警世の書としてこの本を出したのではないでしょうか。詳しくは後述しますが、『論語と算盤』で注目するべきは、次のことだと思います。

一見して相反する2つを融合させた。

商売で儲けようと思ったら、「少々、道徳に反することでも、まあ致し方ない。慈善活動じゃないから」などと考えてしまいがちです。

逆に道徳ばかりを重視していると、「儲かる案件も儲からなくなる」かもしれません。

したがって論語と算盤は相反するものであり、かつ人は少しでも多くの利益を欲するため、商売繁盛を目指すうえでは、どうしても道徳は無視されがちです。

でも、そうではないというのが栄一の考え方です。

だから「論語か算盤」ではなく、「論語と算盤」なのです。

ここで、渋沢栄一のキャリアパスについて触れておきましょう。

幼少期：漢文を学び、天下国家を考えるようになる

生まれはいまの埼玉県深谷市です。生家は農業を営んでいました。農家といっても地主から土地を借りて、細々と田畑を耕す零細農家ではなく、麦作や養蚕、さらには藍葉を買い入れて藍玉《あいだま》を製造して販売するなど、かなり手広く商売をしていました。

藍玉とは藍の葉を原材料とした染料の一種です。これをつくり、いまの長野県や群馬県、埼玉県秩父郡あたりの染物屋さんに販売していました。

また、父親である渋沢市郎右衛門はなかなかの教養人でした。栄一が『論語』に触れたのは、市郎右衛門の教育の賜物です。

栄一は6、7歳から本を読むようになり、漢文を学びました。そして、従兄弟である尾高惇忠に師事して『論語』をはじめとして四書五経を学び、徐々に天下国家のために自分は何ができるのかということを考えるようになったそうです。

栄一は確かに500社ほどの会社を立ち上げ、「日本資本主義の父」とまで言われるようになりましたが、そこに一切、私利はありませんでした。

会社を上場させて創業者利益を得ようといった気持ちは微塵もなく、立ち上げた会社はみな、日本の将来にとって必要な産業ばかりでした。

天下国家のために働きたいという気持ちの芽生えは、まさに幼少期からの勉学によるものだったと言えるでしょう。

青年期~23歳：高崎城を乗っ取り、横浜焼き討ちを企てる

青年期を迎えると、栄一は世の中に対して矛盾や憤りを覚えるようになります。

17歳のとき、岡部藩から御用金を出すように言われ、栄一の生家は500両ものお金を藩に出すように求められます。

栄一は、風邪で寝込んでいた父の代理として陣屋に出頭したところ、代官の上から目線の対応に腹を立てました。汗一滴も流すことなく、たまたま居座っている自分の立場を利用して、指差しだけで、我々が一生懸命に働いて稼いだお金を取り立てる。このような原因は幕府の体制にあると考えるようになりました。

以来、努力が報われる国家のあるべき姿を実現するという想いで、栄一は水戸学に傾倒し、尊王攘夷思想が強まりました。

若い頃は、何事も極端な方向に突っ走ってしまいがちです。

栄一は幕藩体制を維持できなくなるような騒動を引き起こすことで、幕府政治の問題点を浮かび上がらせ、国を良い方向に導こうとしました。

そこで考えたのが、いまの時代の文脈でいえば、「テロ」計画でした。高崎城を乗っ取り、軍備を整えて横浜の外国人居留地を焼き討ちすることを目論んだのです。

いまでは日本資本主義の父と言われている渋沢栄一は、やさしい穏やかなおじいさんというイメージがあるかもしれませんが、**若かりし頃はかなりの過激派**でした。

この計画は最終的に中止となりました。が、何しろ幕府に対するクーデターを引き起こそうとしたわけですから、幕府によって逮捕される危険性もあったわけです。

そこで栄一は生家に迷惑が掛からないように、父親から勘当されたという体をとって、自分の目で幕府の中心部を確かめるために京都へ活動の場を移します。

24〜28歳：パリ万博に派遣され、近代的な経済のしくみに触れる

そこでもともと知り合いだった一橋家の家臣である平岡円四郎を頼り、その推挙によって一橋家に雇われました。一橋家の当主は、後に最後の征夷大将軍となる徳川慶喜です。**人の縁とは不思議なもので、それまで倒幕しようと考えていた栄一は、徳川家のために働くことになりました。**

おそらく、ここで徳川家に仕えることがなかったら、栄一は日本資本主義の父にはならなかったかもしれません。

なぜなら、**栄一は徳川慶喜の弟である昭武のお供として、フランスで開催されたパリ万国博覧会に派遣され、そこで見聞きしたものから近代的な経済のしくみに触れた**からです。

しかも、フランスへの派遣はパリ万国博覧会への出席だけでなく、昭武の長期留学も兼ねていました。

栄一は1年半もの間、フランスで生活し、かつ欧州各国を訪問するなかで、かねてから思っていた日本の「官尊民卑」の風潮に対する疑問を強めると同時に、昭武の留学費用を

捻出するため、フランスの政府公債と鉄道社債に投資して、「資本主義」の制度を実体験しました。

ただし、栄一自身は、資本主義という言葉は使わず、**「合本主義」**という言葉を用いていました。「本」を「合わせる」というイメージです。学術的には、公益を追求するのに最適な人材と資本を集めて事業を推進し、そこで得た利潤を、出資した人同士で分け合うという考え方があります。

しかし、私は**「合本主義」とは近年、欧米財界トップが提唱しているステークホルダー資本主義の原型である**と解釈しています。

29～32歳：民部省で日本の近代化に必要な制度を整える

1868年、栄一はフランスから帰国しました。その前年、大政奉還によって約270年続いた徳川幕府の時代が終わったからです。

栄一が日本に帰国したとき、主である徳川慶喜は静岡県に蟄居していました。そこで栄一は静岡に住むことを決め、静岡藩の財政を助ける目的で、フランスから学んできた合本主義を実践しました。

明治新政府が静岡藩に貸し付けた資金を資本金として「商法会所」という合本組織を立ち上げ、事業を行ったのです。貸付や卸業を行う、いまでいうノンバンクのような会社です。この事業が軌道に乗り始めた1年後に、栄一の人生に再び転機が訪れます。

栄一は明治新政府からヘッドハンティングされたのです。当初は徳川慶喜への忠義もあって新政府で働くことを断っていましたが、**大隈重信の説得もあり、最終的には明治新政府で働くことを決意し、民部省（後の大蔵省、現在の財務省）に入省しました。**

新明治政府で栄一は手腕を振るいました。租税制度の改正や度量衡、銀行制度、貨幣制度、金融制度、郵便制度、鉄道敷設など、日本の近代化に必要とされるさまざまな制度を整えます。

官界での名誉栄達を自ら辞して、民間に転じる

なかでも銀行制度については、1872年に国立銀行条例を制定しましたが、大蔵卿だった大久保利通との間で、軍事費の捻出に関して確執が生まれ、1873年に大蔵省を辞職し、設立した第一国立銀行の経営トップに就きます。

当時、官界には人材が集まっていましたが、**実業界は人材に乏しく、それでは国が豊かにならないと考えた栄一は自ら官職を辞し、民間に転じたのです。**

当時の常識で考えれば、官界での名誉栄達を自ら辞して民間に行くなどというのは、前代未聞のことでしたが、ここから500社ほどの会社を立ち上げる、栄一の大活躍がスタートしたのです。

このとき、渋沢栄一は33歳でした。

未来を信じるリーダーの心を揺さぶる、渋沢栄一の言葉

渋沢栄一が銀行を立ち上げるまでのキャリアパスをざっとお話ししてきました。

33歳で設立した第一国立銀行は、さまざまな経緯を経て、みずほフィナンシャルグループの中核であるみずほ銀行になり、いまでは押しも押されもせぬ大企業になったわけです。

でも、1873年当時の銀行なんて、日本においてはスタートアップベンチャーに過ぎませんでした。何しろ日本で初めての銀行なのですから。

それ以外にも、栄一は「**日本初の○○**」といった会社をたくさんつくっています。

フランスから帰国後、静岡県で立ち上げた商法会所が**日本初の株式会社組織**と言われていますし、**日本初の鉄道会社**である日本鉄道、**日本初の高級ホテル**である帝国ホテル、**日本初の銀行**である第一国立銀行など枚挙にいとまがありません。

そして、これらの会社の多くが日本経済の発展と共に、いまでは大企業に育ちました。

この一面だけを切り取れば、日本が光り輝いていた歴史の足跡であるように見えるのですが、ちょっと考えてみてください。当時、**栄一が生きていた時代背景は、実は非常に混沌としており、先が見えない時代だった**のではないでしょうか。

何しろ、約270年続いた江戸幕府が終わり、それまでの常識が完全に覆ったわけです。欧米列強から侵略される危険性もありましたし、血なまぐさい事件も多発していて、日本の未来に不安を抱くことが世間一般の認識だったかもしれません。

それでも渋沢栄一は、未来を信じる力を失いませんでした。

それは、日本が欧米列強に伍していくうえで必要なのは外交でも軍事力でもなく、合本主義のもと民の力を結束させれば十分に実現可能だという信念によって支えられたのだと思います。

日本という国を豊かにしたい、欧米列強に伍するほどに競争力を高めたいという一念が、いくつもの「日本初」を含め、５００社ほどの会社を設立する原動力になったのです。

これから栄一が残した言葉について、より深く考えていきたいと思いますが、**その言葉の多くは、栄一が33歳のとき、大いなる希望を抱いて官から民に転じたのと同じように、いま30歳前後の未来のリーダーにこそ、知ってもらいたいと思います。**

いまの30歳前後といえば、ちょうど「ミレニアル世代」に当たります。

大学を卒業して10年ほどで、年齢的にも、能力的にも、これからの日本企業、そして日本の社会を創っていく主役となる世代です。

私はいま59歳で、30代の方たちから見ればひと昔前の人間になりました。

私が30代だったときは、バブル経済は崩壊していましたが、自分がどれだけ出世できるのか、どれだけ金持ちになれるのかということの余波がいまだに残っていました。私が当時勤めていた外資系金融機関だけでなく、日本社会が全体的にそうだったと思います。

しかし、ミレニアル世代はそれとはかなり違うことを、その世代の人たちと普段接することで感じています。

具体的に申し上げると、**自分の利益を優先する前に、社会的課題の解決に向けてアクションを起こしたいと考えている30代が大勢いるように思えるのです。**

日本は、バブル経済の崩壊によって「失われた20年」とも言われる長期の低迷を経験し、その間に人口減少社会に転じました。

いまの日本も、渋沢栄一が活躍した時代と同じように先が読めない、難しい時代に入っていますが、大変革の時代には、若い人が活躍するチャンスが訪れます。

現状を嘆いて立ち止まってしまうのはもったいない。渋沢栄一のように未来を信じる気持ちを強く持てば、きっといまの停滞ムードを吹き飛ばせるはずです。

もちろん、強い気持ちがあったとしても、時には失敗などで心が折れそうになることもあるでしょう。そういうときにこそ、渋沢栄一が残した言葉に触れて、未来を信じる力を取り戻していただきたいと思います。

２０２０年４月

渋澤　健

目次

第1章 未来への希望を持っているか

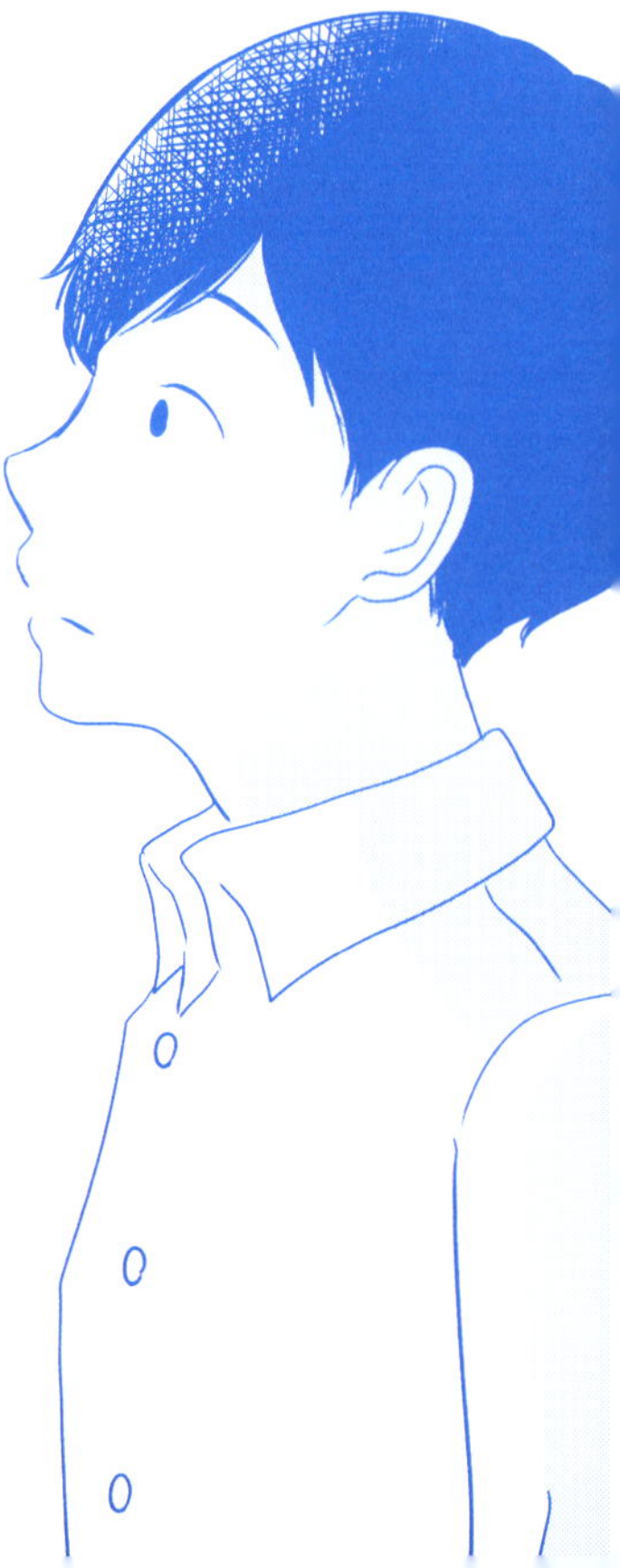

第2章 現状に不満を持っているか

第3章 同じ志を持つ仲間はいるか

第4章 運を自ら引き寄せているか

第5章 君の夢は社会に役立つことか

第1章

未来への希望を持っているか

昨日、会社の同期が辞めた
転職するそうだ
もっと自分の力を試したいんだ
業界では知られた会社だけど、社員数は30人ほど、年収も二割は減るらしい…
勇気あるな…
そういえば大学時代の友人も去年起業した
アフリカプリントの布を使った新ブランド
夢でメシが食えるかよ
でも、うらやましいと思う自分がいる

大学を卒業して10年、進む道が分かれている
僕も、いろいろ考えることが多い
チームリーダーを任されているけど今の仕事は正直つらい残業も多い
でも年収は悪くないし
安定した生活ができる…
いつか僕たちで社会を変えるでっかいことやろうぜ！
入社したときのあの青臭い気持ちは
どこへ行ったんだろう？
このままでいいんだろうか？

渋沢栄一の教え 1

幸せになりたいなら夢を持て！

夢こそ、渋沢栄一が三度の挫折を乗り越えた原動力

あなたは、夢を持っていますか？

社会人になったばかりの頃は、「僕は、私は、この会社でこんなことをしたい」という期待に満ちた気持ちでキャリアをスタートさせたことでしょう。

ところが、**社会人も10年目になると、夢よりも現実が先に立つと思います。**

なかなか変えられない過去の慣行、上意下達で行われる命令系統、ややこしい人間関係、頭が固く自己保身に一所懸命な上司、無駄な同調圧力……。

これらに絡めとられ、徐々に組織の論理に巻き込まれてしまいます。それも、組織の規模が大きくなればなるほど、この傾向が強まっていきます。

もちろん、いまの会社が嫌なら辞めて新天地を探せばいいということになるのですが、転職には勇気が必要です。もし、いまの職場は夢がないけれども生活が安定していれば、ますます転職する勇気は萎えてしまうでしょう。

でも、よく考えてみてください。**いま、安定していると思っている場所は、本当に安定しているのでしょうか。**違いますよね。

会社は大企業でも、いつリストラされるかわかりません。

M&Aによって人員が削減されるケースもあります。

かつて大手都市銀行に入行して一生安泰と考えていた人も、その後、メガバンクが形成される過程において、大勢の居場所がなくなりました。

つまり、**一生涯、安定した生活が保障されるかどうかなんてことは、いまの時点では誰にもわかりません。**

渋沢栄一の問いかけ

人生は一度きり。あなたが選びたい人生は、どっち？

1

未来を信じて、夢を持って生きる

2

夢を持たずに、現実のみに生きる

未来を信じろ！　夢をあきらめるな！

栄一だって、順風満帆で「日本資本主義の父」と呼ばれる地位を築いたわけではありません。大きな時代の変化によって、幾度となくキャリアチェンジを余儀なくされ、「四度目の正直」でようやく自分が本当にやりたいことにたどり着いたのです。

渋沢栄一の三度の挫折

挫折①　もともとは尊王攘夷派の志士だったのに、若気の至りのクーデターに失敗して徳川慶喜に仕えることになった。

挫折②　第二のキャリアがスタートしたと思ったら、大政奉還でそこから先のキャリアが望めなくなった。

挫折③　明治政府で第三のキャリアがスタートして大蔵省のナンバー2まで上り詰めたものの、トップとぶつかって辞職することになった。

特別に能力が高いからとか、恵まれた環境にあったからとか、いろいろな意見はあると思いますが、**栄一が度重なる挫折にもかかわらず、生涯をかけて500社もの会社を立ち上げ、日本の経済力を高めることに貢献できたのは、未来を信じることができたのもありますが、それとともに自分の夢をあきらめなかったからだと思うのです。**

渋沢栄一は、『渋沢栄一訓言集』で次のように言っています。

目的には、理想が伴わねばならない。その理想を実現するのが、人の務めである。

さらに『渋沢栄一訓言集』には以下の言葉もあります。

無欲は怠慢の基である。

夢はある意味、欲につながる面があります。**「こうしたい」「ああしたい」という欲求があるからこそ、人間は一所懸命になって事に当たれるのです。**

ただ、「無欲は怠慢の基である」と言ってはいますが、**栄一が求めている欲は、世の中をもっと良いものにしたいという、より良い社会の実現に対する欲求です。**

栄一は、それを率先垂範しました。

官尊民卑の傾向が強かった世の中で、民間の力をより強いものにするため、これからの日本の成長に必要な会社を次々に立ち上げていきました。

栄一が生涯を通じて理想とした「合本主義」を強く推し進めることによって、自身が青年だった頃からずっと解決すべき社会の課題と考えていた官尊民卑の風潮にメスを入れていったのです。

夢が叶ったときの自分を想像してみよう！

あなたの**夢**

渋沢栄一の教え 2

いまの仕事が天命とは限らない

不安を抱えるよりも、与えられた人生を楽しんだほうがいい

厚生労働省の調査によると、入社後3年以内に、大学を卒業して入社した最初の会社を辞める比率は32％となっています。**10人中3人が転職するわけですから、いまでは転職するのが当たり前の時代になったことを実感させます。**

「石の上にも3年」などという口車に乗せられるな！

日本には「石の上にも3年」という諺があります。

冷たい石も、その上に長い間、座り続ければ徐々に自分の体温によって温まってくるということから、何事も忍耐強く頑張ればいずれ報われるという意味で用いられています。

そのため、**転職を引き留めようとする上司などは、よくこの諺を用いるケースがあるよ**

うですが、これは終身雇用制度と年功序列賃金がしっかりしていた時代の話です。

終身雇用制度は定年までリストラされることなく、その会社に勤め続けられる制度のことで、年功序列賃金は年功、つまり長く勤めれば勤めるほどお給料が上がっていくという制度です。

このような制度は、日本経済が右肩上がりの成長軌道を描いていたからこそ実現できたことであり、いまのような成熟期に入ったら両方の制度とも維持するのは極めて困難です。**また、上司は決してあなたのことを考えて慰留するのではないかもしれません。自分の監督責任を問われたくないから慰留しているのかもしれないのです。**

ジョブホッパーではなく、キャリアビルダーを目指せ！

渋沢栄一のキャリアパスをざっと見ると、幕臣、明治新政府の役人、そして民間企業経営者というように、傍から見れば何の脈絡もなく転職を繰り返すジョブホッパーのように見えるかもしれません。

ジョブホッパー

2〜3年のサイクルでどんどん職を変えていく人、転職回数が4回以上ある人。

一般的に転職を繰り返す人には、ネガティブなイメージがつきまといますが、**栄一が繰り返した転身は、決してネガティブではありません。脈絡もなく次々に職を変えているように見えて、実はその先に「より良い日本を創る」という壮大な目的を持っていたからです。**

そして、その時々の自分のポジションで得られた経験、人脈などを活かしながら、栄一は日本経済の基盤をつくり上げていったのです。

ちなみに、転職を繰り返す人のなかには、「キャリアビルダー」と呼ばれる人がいます。同じように見えても、ジョブホッパーとキャリアビルダーは全く違います。

キャリアビルダー

キャリアを築きながら転職を繰り返す人。前職でもしっかりした業績を残し、ポジションや収入を上げながら次の転職先へと移っていく。

渋沢栄一は、徳川慶喜の下で働いたときの業績が認められて明治新政府に請われて移り、その新政府では大蔵省のナンバー2まで上り詰めて民間に転じました。その足跡を見れば、ジョブホッパーではなくキャリアビルダーであることがわかります。

『渋沢栄一訓言集』の「座右銘と家訓」では、次のような言葉が残されています。

人は死ぬまで同じことをするものではない。理想に由って生きるのが、趣味ある人の行動である。

趣味ある人というのは、決して多趣味な人という意味ではありません。人生を味わう人という意味です。つまり理想を追いかけ続けるのが、人生を味わう人の行動だということを、栄一は言いたかったのです。

想像力という才能は、特別な人だけでなく、誰もが持っている

誰も30年先のことを正確に予測することはできません。

私はいま59歳ですが、29歳のとき、いまの自分の姿を予測できていたかと言われたら、それに対する答えは「ノー」です。まさか自分が人前で講演をしたり、本を書いたりすることになるなどとは、全く想像もつきませんでした。

時間は確実に過ぎていきます。

今日が明日になり、今月が来月になり、1年が30年となります。

でも、私たちは時間に追われているのではなく、時間という稀な資源を与えられたと考えることもできます。

この与えられた時間を有効に使うためには、理想を持つことが大事になってくるのです。

そして、**理想を描くために、人間は想像力という素晴らしい才能に恵まれました。**

それは特別な人だけが持っているものではなく、人間としてこの世に生を受けたからには、誰もが持っているものといってもいいでしょう。

将来について不安を感じるのも、この想像力が働いているからです。

私たちの人生の最終的な結果は、皆、同じです。

誰もが「死」を迎えます。

その結果が同じであれば、不安を抱えるよりも、理想を持っていろいろなことにチャレンジし、与えられた人生を楽しんだほうがいいのではないでしょうか。

たとえば、**仕事でも、最初に入った会社で、「石にかじり付いてでも定年まで働き続ける」などと考えるのではなく、自分のやりたいことがあるならば、いろいろな角度からチャレンジしてみればいいのです。**

あなたが本当にやりたいことは何？

あなたの決断

渋沢栄一の教え 3

得意なことよりも好きなことをやれ！

「こうしたい・ああしたい」という発想を常に持つ

「この仕事は自分にとって天命のようなものです」と、人前で断言できるような仕事に携わっている人は、おそらく少数だと思います。大半の人は、いまの仕事が本当に天命によるものかどうかわからないまま、日々の生活を送っているでしょう。でも、それは普通です。**「人事を尽くして天命を待つ」**といいますが、本当の天命とは大きすぎます。自分の想像力を活かさないと見えないのです。

ほとんどが自分の天命に気づくことなく人生を送っています。でも、**より良い生き方をするためには、やはりどこかのタイミングで、自分の天命とは何かと想像することは大事だと思います。**

では、どうしたら自分にとっての天命を見いだすことができるのか。そのためには、四象限を用いて考えると見えてくるかもしれません。

天命を見いだす四象限

具体的に、どのような四象限かと言うと、**縦軸に「やりたい・やりたくない」、横軸に「できる・できない」で、自分の仕事はどこに入るのかを考えるのです。**

この四象限のうち、ベストは右上の「やりたい・できる」仕事です。

自分ではもちろんやってみたいと希望する仕事だし、実際にそれができるだけの力も持っているとなれば、これはまさに天命によるものかもしれません。

ただ、そこにぴったり当てはまる仕事に就いている人はごくごく少数だと思います。大半の人は、そこに当てはまらない仕事を日々こなしています。

反対に、最悪なのは、右上の象限と真逆に位置する、左下の「やりたくない・できない」仕事です。

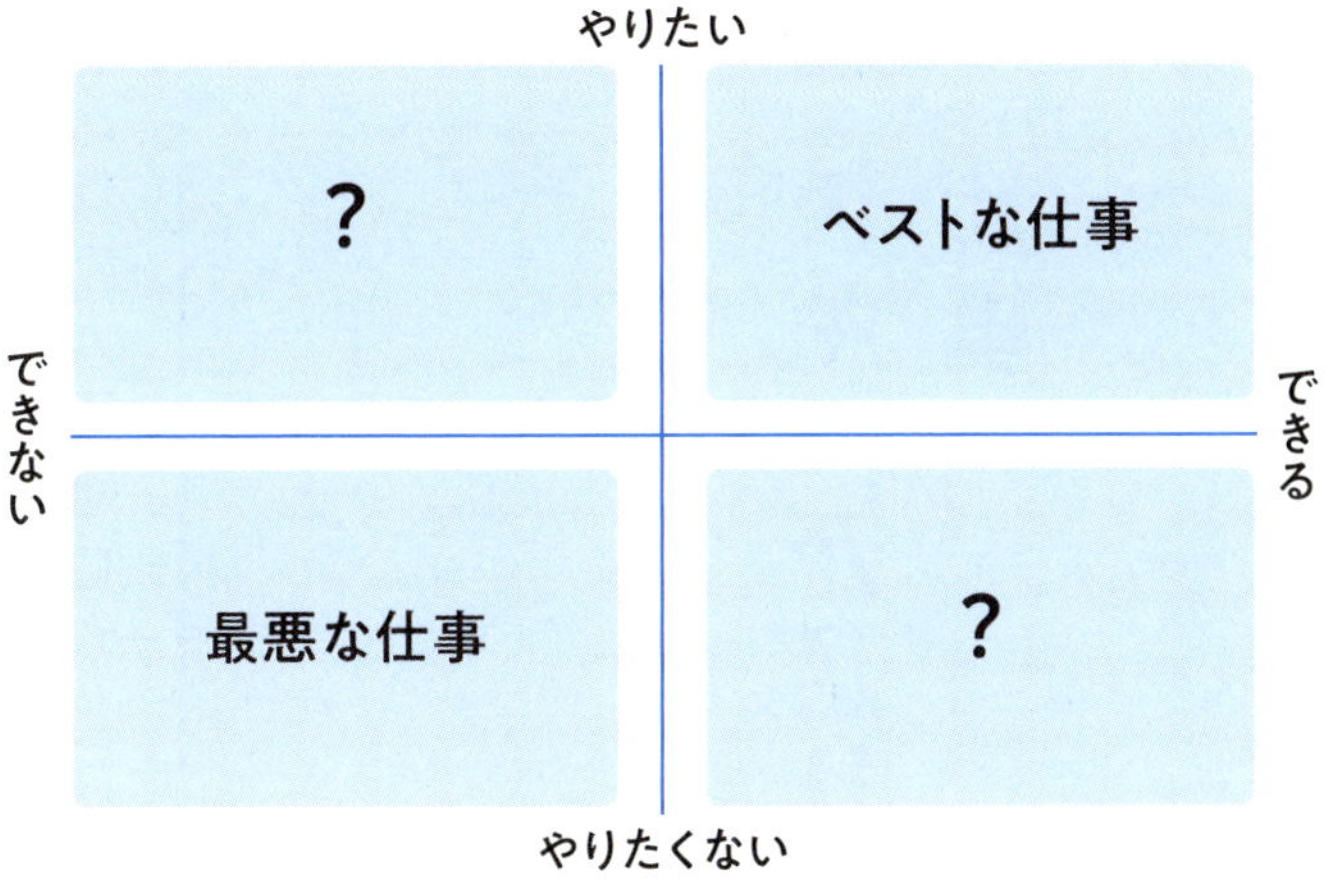

たとえば、細かい数字の計算が苦手で大嫌いという人に経理の仕事をさせるなんていうのは、ここに入ってきます。

細かい数字の計算が苦手で大嫌いという人に経理を担当させた時点で、人事の判断ミス以外の何ものでもないのですが、そんな仕事をあてがわれた人にとっては悲劇です。

このような仕事は、どれだけ時間をかけても天命にはなりえないでしょう。

なので、どうにかしようなどとは考えず、最初から捨ててしまうくらいのイメージで考えてください。

ここで問題になるのが、残り２つの象限についてです。

あなたが幸せになる仕事は、どっち？

1

やりたいけど、スキルが足りない仕事

2
スキルは十分だけど、やりたくない仕事

まず右下の象限について考えてみましょう。「やりたくない・できる」仕事です。

学生のときに商学部で、単位を取得するうえでどうしても簿記検定1級に合格する必要があったので持っているけれども、実は経理のような細かい数字の仕事は嫌いというケースが該当します。

「なぜ数字をいじるのが大嫌いなのに商学部？」などという突っ込みはしないように。あくまでも事例です。

もっと身近なケースで言うと、自分の部屋の掃除なんて典型的なケースです。

綺麗好きな人は自ら率先して部屋の片づけをしますが、多くの人はいちいち片づけるのが面倒だと思っているでしょう。

もちろん掃除すること自体に何か特別なスキルが必要ということはないので、**基本的に誰でもできることなのですが、「面倒」とか、「他に優先させるべきことがあるから」といった理由で「やらない」ことを選びがちです。**

まあ、この部分は一応できることでも、本人にやる気がないのだから、それを天命と思えるようになるかというと、かなり微妙です。

右下から右上にスライドするようなケースは、本当にレアだと思いますし、この手の仕事を押し付けられてやる気を失っているケースは、けっこう多いのではないでしょうか。

このように考えていくと、**右上は理想のポジションであるとして、次に良いポジションは、残った「左上」の象限になります。つまり「やりたい・できない」象限です。**

「こうしたい・ああしたい」が、「できる・やりたい」仕事につながる

やりたいけどできないことって、けっこうたくさんあると思いませんか。

たとえば子供の頃、あなたの夢は何でしたか。プロ野球選手や宇宙飛行士という人もいたでしょうし、歌手やケーキ屋さんという人もいたでしょう。

でも、実際には子供の頃の夢を追いかけて、本当にそうなった人というのは、極めて稀だと思います。

これは横軸の「できる・できない」ということばかりを考えてしまうからです。

本当は、誰でもやりたいことがいっぱいあると思うのです。でも、いろいろな言い訳をしてしまうのですね。

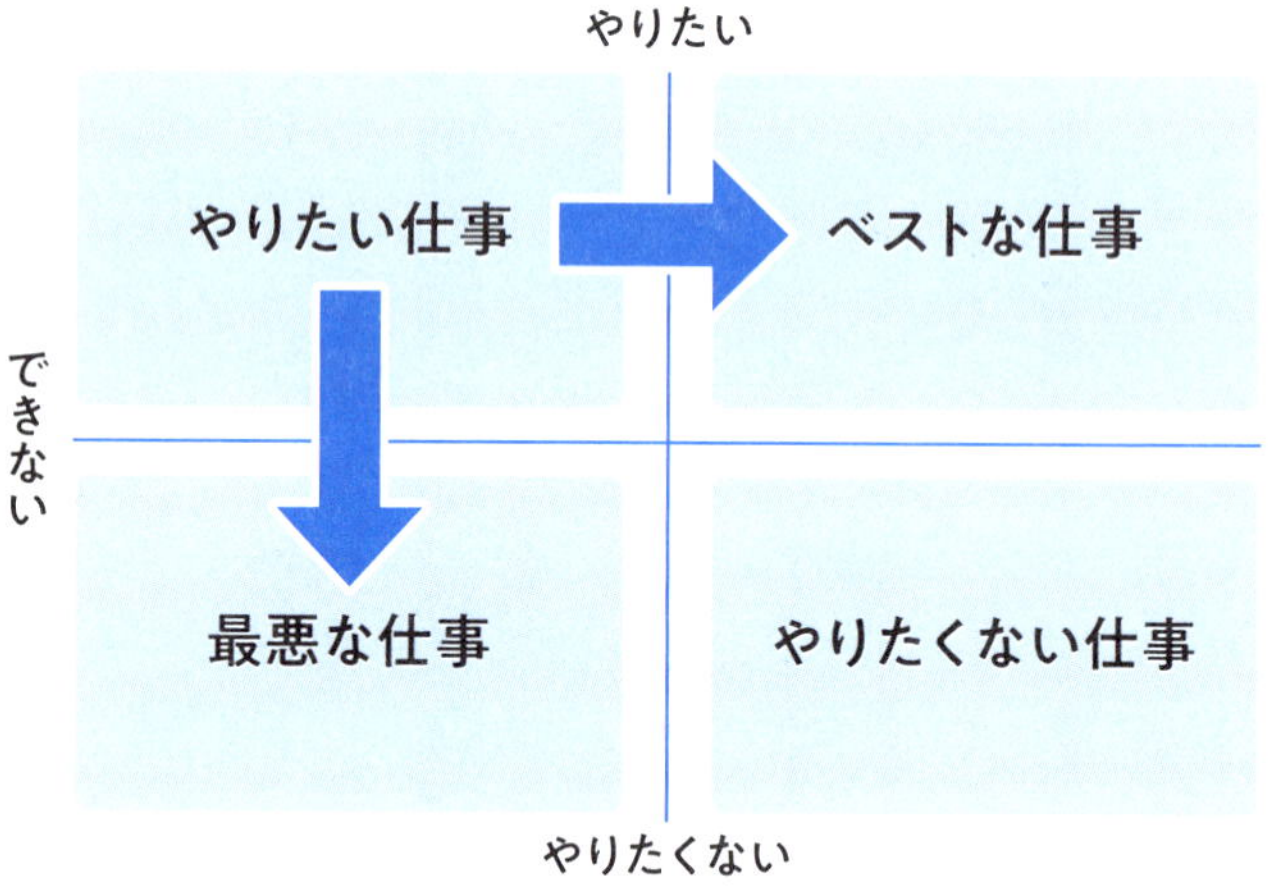

たとえば「英語が話せるようになりたいから英会話塾に通いたいのだけれども、なかなか通う時間が取れないからできない」というように。おそらく、英会話塾に通えば、英語なんて簡単に話せるようになると思います。

でも、人間はおそらく怠慢な生き物なので、できるようになることがわかっていてもやろうとしない。

結果、できないので、左上のやりたい仕事から左下の最悪な仕事へとストンと落ちてしまうことになるのです。

なので、**「できる・できない」の軸で考えるのではなく、「こうしたい・ああしたい」という発想を常に持つことが大事です。**

栄一の講演録である『論語と算盤』のなかに「大丈夫の試金石」という項目があります。そのなかで栄一はこういう言葉を残しています。

自分からこうしたい、ああしたいと奮励さえすれば、大概はその意のごとくになるものである。

つまり、「こうしたい・ああしたい」は「やりたい」というベクトルです。自分の心のなかに常に立てておくことによって、四象限のうちベストポジションである右上の「やりたい・できる」仕事にめぐり会えると思うのです。

夢を叶える人に共通する思考法

おそらく宇宙飛行士は、初めて「宇宙飛行士になりたい！」と意識したときから、ずっと「こうしたい・ああしたい」というベクトルを伸ばしていったのだと思います。

当然、宇宙飛行士なんて誰でもなれるものではなく、超優秀な頭脳と並外れた身体能力が必要ですが、「こうしたい・ああしたい」というベクトルを伸ばしていった人は、実際に宇宙飛行士になるまでに設けられている難関を、どのようにすればクリアできるのかということを一所懸命考え、実際に乗り越えていったのだと思います。

実業界でもユニクロの柳井正さん、ソフトバンクの孫正義さん、楽天の三木谷浩史さんに共通するのは、これは私の想像ですが、「できる・できない」では、いままでの事業家としての実績はなかったと思うのです。あくまでも「こうしたい・ああしたい」というベクトルをひたすら伸ばして、いまのように事業を大きく拡大させてきたのでしょう。

この世の中の全員がこうした大実業家や渋沢栄一のようになる必要はありませんが、少なくとも、**何がやりたいのか、やりたくないのかを自分なりに考えて、それを表現していくことが大事だと思います。**

いままでは「こうしたい・ああしたい」と思っていることがたくさんあったとしても、おそらく、就職してから10年も過ぎれば、大半の人が会社組織の常識や同調圧力などによってそれは押しつぶされ、気が付くと「できる・できない」の軸だけで、仕事を判断してしまいがちになります。

もちろん、「できる・できない」の軸も大事なのです。でも、ここばかりを見ていると、自分が本来持っているポテンシャルを発揮できないまま、人生が終わってしまうことにもなりかねません。それではあまりにももったいないと思いませんか。

あなたが「こうしたい・ああしたい」ことは何？

あなたの決断

渋沢栄一の教え 4

目先の名声を考えるな！

人の功績はその人が亡くなった後、初めて正しく評価される

あなたもご存じかと思いますが、渋沢栄一の肖像が２０２４年から徐々に発行される新1万円札の顔に使われることになりました。

栄一自身は、自分の肖像がお札に使われる日が来ることを、果たして見通していたのかどうか。生きていたら本人に聞いてみたいところですが、実際にそれは無理なので、私の空想も交えつつ、お話ししていきましょう。

まず、「自分は５００社ほどの会社を立ち上げるという偉業を成し遂げたし、なかには日本で初めての銀行もあったから、いつか1万円札に自分の肖像が印刷されるのは当然でしょう」と栄一本人が思っていたでしょうか？

答えは「ノー！」だと思います。

栄一は自分の死後、1万円札の肖像になったり、ゆかりの地に銅像を建ててもらったりすることは、ほとんど望んでいなかったはずです。

成功や失敗は、努力した人の身体に残ったカス

確かに、栄一の銅像はいくつかあります。東京大手町の常盤橋公園内には、渋沢栄一の銅像が置かれていますし、一橋大学には、これは本当に1体しかないと思うのですが、栄一の笑顔の銅像があります。

このように、**本人の死後にいくつか銅像がつくられ、栄一ゆかりの場所に置かれているわけですが、それは栄一本人が「そうしてくれ」と言ってつくらせたものではありません。**

栄一は自分の名前を世に知らしめたいという類の功名心が、ほとんど無かったのだと思います。

これもすでに申し上げましたが、他の財閥系企業の場合、たとえば三菱なら「三菱ＵＦ

Jフィナンシャル・グループ」「三菱商事」「三菱重工」というように、大半の三菱系企業には三菱の名前が付けられていますし、三井だったら「三井住友フィナンシャルグループ」の他、「三井物産」「三井不動産」「三井金属鉱業」「三井化学」というように、やはり三井の名前を冠した会社がずらりと並んでいます。

これに対して、**渋沢栄一がつくった会社で渋沢の名前がついているのは、「澁澤倉庫」だけです。**

この点からも、栄一は功名心が非常に少なく、自分がやり遂げた偉業を後世に自分の名前と共に残したいという気持ちはほとんど無かったのではないかと思われるのです。

何しろ、「成功や失敗は、努力した人の身体に残ったカス」とまで言い切った人ですから。

人の評価は死後も続く

ただ、『論語と算盤』のなかで、**「棺《かん》を蓋《おお》いて事定まる（蓋棺事定）」**という、中国の『晋書』劉毅伝に書かれた言葉を引用しています。

これは、**「人の功績はその人が亡くなった後、初めて正しく評価される」**という意味です。

これに関しては、『論語と算盤』のなかで、ひとつ印象的なストーリーがあるので、それを紹介しておきます。1150年代の中国での話です。

亡くなった後も続いた、世間からの批判の声

南宋の宰相、秦檜《しんかい》は当時、中国の北半を支配していた金朝との講和を進めていたのですが、その講和に反対していた軍人で、救国の英雄と言われた岳飛《がくひ》を反逆罪で謀殺してしまいました。

何しろ救国の英雄を謀殺したわけですから、世間的には秦檜に対する批判が相次ぎました。しかし、それに対して秦檜は徹底的な弾圧を行い、19年という長い間、専制を敷いたそうです。

秦檜は1155年、19年間も宰相の地位に居座り続けた後、66歳で亡くなりました。暗殺されたわけでもなく、戦乱のなかで討ち死にしたわけでもなく、自然に亡くなったわけですが、彼が亡くなった後も、秦檜に対する世間からの批判の声は、止むことがありませんでした。

岳飛は、中国の歴史上の武将としては、三国時代の蜀の関羽と並ぶ英雄とされており、たくさんの廟が建てられています。

そのうち浙江省杭州市にある岳王廟は特に有名で、正殿に岳飛が奉られているのですが、岳飛とその養子である岳雲のお墓のそばには、彼を陥れた秦檜と、その妻が縄でつながれて正座させられている銅像があり、そこに唾を吐きかける習慣があったそうです。

現在は禁止されているそうですが、そのくらい人の評価は死後も続くということです。

いくら銅像が建てられたとしても、唾を吐きかけられるような銅像では、全くありがたいことではありません。

大事なのは、自分が死んだ後も高く評価される何かを遺すことだと、栄一は考えていたのだと思います。

でも、それはお札に自分の肖像が使われるとか、日本のあちこちに銅像が建てられるとか、そういうことのために行うのではなく、**あくまでも自分が「こうしたい・ああしたい」と思うからやるのであって、成功か失敗かという世間の評価を気にするよりも、まずは国を良くするためにすべきことをするのが大事だと考えていたのでしょう。**

小さな改善が、いずれ大きな流れに変わる

渋沢栄一が亡くなった後で行われた葬儀の話を聞くと、世間からの評価も非常に高かったことがわかります。

栄一が亡くなったのは1931年でした。その葬儀は非常に盛会で、一民間人の葬儀とは思えないようなものだったそうです。

霊柩車の後には何十台もの自動車がつらなり、栄一の自宅があった飛鳥山から青山墓地まで、沿道には4万人もの人たちが並んで、栄一を見送ったと言われています。

そこに集まったのは、栄一がつくった会社や団体の従業員や職員、その家族たちでした。

人は年をとると名誉が欲しくなるようです。

実際に、「勲章が欲しい」などと公言する恥ずかしい財界人もいるわけですが、本来、勲章をもらうことが人生の目的ではないはずです。

それよりも世のため、人のためになることで、自分がやりたいことは何なのかを考えて、それが定まったらひたすら実行していくことのほうが大事です。

栄一のように、「日本を豊かにして……」といった大きな改革をする必要はありません。**自分の身近なところにある課題を見つけ、それを改善するという小さな改革でいいのです。大勢の人がみな、自分の身の回りにある小さな課題の改善に取り組んでいけば、それがいずれ大きな流れに変わり、日本を変える原動力になるはずです。**

身の回りにある小さな課題を見つけよう！

あなたの
決断

渋沢栄一の教え

5

「か」ではなく「と」の精神を持て！

飛躍は、矛盾するものを掛け合わせることで生まれる

冒頭で『論語と算盤』について簡単に触れましたが、ここで覚えていただきたい言葉があります。**たったの一文字です。それは「と」です。**

と？　疑問に思った方も多いと思いますが、「との力」を持つことの大事さについて考えてみたいと思います。

「との力」が新しいものを生み出す

「との力」に対して、もうひとつ大きな力があります。**それは「かの力」です。**

「か」というのは、ｏｒです。右か左か、上か下か、白か黒か。デジタルの世界でいえばゼロか1かの世界です。

何かを進めるに際して、物事を区別し、選別して進めることで効率性を高めることができます。それが「かの力」です。

組織を運営していくうえで不可欠な力ですし、日常生活においても、たとえばこの大根を買うのにA店とB店のどちらが安いのかを常に比較しているでしょう。「かの力」は、このように日常や仕事などあらゆる場面において、絶対に必要不可欠なものと言えます。

しかし、**「かの力」だけでは、無から有を生み出すことができないと思います。**新しいクリエーション、創造につながらないのです。なぜなら「か」は2つの有を比較して選別するだけに過ぎないからです。分けて隔離すれば、そこからは化学反応、つまり、新しいクリエーションが生まれないのです。

一方、**「との力」は、一見すると矛盾しているようなもの同士を組み合わせることによって、そこにある条件が整うと、化学反応が起こり、それまで考え付かなかったような新しいものを生み出す力と考えることができます。**

たとえば、「論語と算盤」は典型例です。算盤をしっかり勉強して、ある程度理解が進んでから論語の勉強をするとか、仕事をするうえでも算盤勘定は後回しにして、まずは道徳を重視して仕事を進めるという人は多いと思いますが、栄一が言っているのは、

論語と算盤に優劣をつけることなく、一緒に進めていきましょう。

ということなのです。

確かに、「かの力」で選別したほうが、ビジネスを効率よく回していくうえでは適していますし、おそらく目先の数字は確実に上がっていくでしょう。ただ、それは前述したように、あくまでもいま、ここにあるもの同士の選別に過ぎないので、それを繰り返していると、いつかは尻すぼみになってしまいます。

これに対して「との力」は、いま私が言ったように一見すると矛盾していますし、なかなか答えが出てきません。

論語と算盤を組み合わせて何が生まれるのかは、いまとなればある程度の答えが見えていますが、それは『論語と算盤』が世に出て100年近い年月が経ち、さまざまな事例が

積み上げられてきたからです。

このように、「との力」を用いることによって何が生まれるのかがはっきりするためには時間がかかりますし、それが見えてくるまでじっと耐える忍耐力も必要です。

おそらく何の成果も出てこないうちは、ただの無駄にも思えるでしょう。

でも、**その時間の経過をじっと耐えているうちに、矛盾や無駄の中から、「あ、これはいける！」というものが、パッと眼前に現れます。それによって飛躍が生まれます。**

ＡＩは見えない未来を信じる力を持っていない

これからの時代はＡＩ社会と言われています。

確かに、仕事の内容次第では人間がそれにかかわるよりも、ＡＩで処理したほうがはるかに効率を高めることができます。

ＡＩは常にビッグデータからデジタルの０・１という「かの力」によって、過去のパターンを読み込み、情報を処理して判断していきます。

ＡＩは絶対に物忘れをしませんし、物事を選別するスピードも人間の能力をはるかに上回ります。しかも、人間はある程度の作業量をこなすと疲れてしまい、休息が必要になりますが、ＡＩはコンピュータなので常に稼働させておけます。

少なくとも「かの力」で、人間がＡＩに勝てる可能性は、何千万分の一もないでしょう。

ただ、**ＡＩにも弱点はあります。**

それは「見えない未来を信じる力」を全く持っていないことです。

ＡＩの予測は、あくまでも過去のデータからの選別に過ぎません。すでにあるものの中から選んでいるだけですから、見えない未来を信じる力を全く持っていないのです。

人間だけがまだ見ぬ未来を思い描ける

これに対して人間は、ＡＩのように膨大なデータを覚えることも、猛スピードで必要なデータを選別することもできませんし、疲れるし、忘れるので、どこをどう見てもＡＩには勝てないはずなのですが、いきなり突拍子もない答えを出すことがあります。

もちろん、その答えは答えになっていなくて、結論が間違っていたりするわけですが、それでも時々、その突拍子もない答えが的を射ていて、一気に見えない未来が見えてきたりするのです。

「との力」を発揮できる人間ならではの特長だと思います。

「との力」は、人間のイマジネーションの力と言い換えてもいいかもしれません。

これはある生物学者から伺った話ですが、イマジネーションは、**人間にしか備わっていないそうです。**

非常に賢い生物であるチンパンジーにも、イマジネーションは備わっていないようです。確かに、チンパンジーは、自分が経験したことの延長線上における未来はある程度、思い描けそうですが、自分が全く経験することがない未来は、思い描けないでしょう。

たとえば目の前にいる自分の子供が外敵から襲われたとき、必死にそれを守ろうとしますが、自分の子孫となるチンパンジーのことまでは何も考えていません。会うことはないですから。

一方、自分はそのとき、すでにこの世にはいないけれども、自分の子孫には幸せになって欲しいと願えるのが人間です。

その能力を発揮するためには、『論語と算盤』の根幹をなす「との力」を十分に発揮させることが肝心なのです。それが、私たちの飛躍にもつながっていくのです。

おそらく栄一は１００年近くも前に、そのことに気づいていたのかもしれません。『論語と算盤』の「処世と心情」には、次のような言葉があります。

論語と算盤という懸け離れたものを一致せしめることが今日の緊要の務めと自分は考えているのである。

一見矛盾するものの組み合わせを考えよう！

あなたの
決断

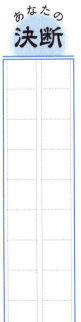

渋沢栄一の教え 6

大丈夫の試金石が不安を消し去る

目標を置いて、自分の信じる道を突き進む

未来に夢と希望を持つことの大事さは、ここまでの話で何となくおわかりいただけたかと思います。しかし、**夢の実現に向けて邁進している間、ずっと順境が続くことはありません。当然、逆境に直面することもあります。**これは私自身も経験したことです。

いまから12年ほど前、個人の長期投資を促進して資産運用に革命を起こそうと考えて、コモンズ投信という投資信託運用会社を立ち上げました。当時、いまもそうですが、個人が持っている金融資産は、その50パーセント以上が現金と預貯金に滞留しています。

現在、預貯金の金利はほぼゼロパーセントという状況なので、いくらたくさんのお金を預貯金に置いていても、ほとんど金利は付きません。

この資金を株式の投資信託にコツコツと長期的に積み立てる投資を実施すれば、個人の

資産形成になります。また、投資先企業にとっては株式市場を通じて円滑な資金調達につながっています。ただ、残念なことにそれまでの日本には、個人が長期的に投資を通じて資産形成するという概念が定着していませんでした。どちらかというと、投資は余裕資金がある人がやること。あるいは、マネーゲームや博打という先入観です。

成功者は自分のやりたいことを仕事にしている

そこで、その礎を築こうと考えて仲間たちとコモンズ投信を立ち上げたわけですが、当然、そうすんなりとは進まないわけです。途中、何度も心が折れかけました。

そのたびに、栄一の「大丈夫の試金石」を思い出しました。

自分からこうしたい、ああしたいと奮励さえすれば、大概はその意のごとくになるものである。しかるに多くの人は自ら幸福なる運命を招こうとはせず、かえって手前の方からほとんど故意にねじけた人となって逆境を招くようなことをしてしまう。

この言葉は前にも触れました「天命と思えるような仕事をするためには、得意なことよりも好きなことをやるべきだ」という観点から、この言葉の前段に相当する「自分からこうしたい、ああしたいと奮励さえすれば、大概はその意のごとくになるものである」という部分を取り上げたのですが、この言葉の先には、実は幸運を招き入れるためにはどうすればいいのか、という話が続いているのです。

渋沢栄一の考え方

未来を信じて、自分自身が何をしたいのかという「やりたいベクトル」を立ててさえおけば、幸福を招き入れることができる。

逆境を招く人の考え方

「どうせダメだから」などとすねた考え方をしてしまいがちで、むしろさらなる逆境を招くことになる。そして、逆境になればなるほど、心の中は不安に支配される。

不安をはねのけるには、栄一のポジティブな性格にならって、とにかく「こうしたい・ああしたい」ことを強く念じて、自分の信じる道を突き進むことが一番です。

渋沢栄一がリスペクトしていたアメリカの実業家に、アンドリュー・カーネギーがいます。鉄鋼で財を成し、ニューヨークにカーネギーホールを設立するなど文化支援も行った人ですが、彼もやはり「自分のしていることに楽しみを見出すことが出来なければ、めったに成功することはない」という言葉を残しています。

「こうしたい・ああしたい」の精神は、洋の東西を問わず成功者が常に心に抱いているものなのかもしれません。

失敗や挫折は大きな目標を達成するための試練

また、**目標を置くことも、不安を乗り越えるうえで大事なことだと思います。**

栄一の人生は決して成功話ばかりではなく、幾度となく挫折も経験しています。

若い頃は高崎城の乗っ取りに失敗しました。

本人は本気で城を乗っ取り、横浜の外国人居留地を焼き討ちするつもりでいましたから、

それを戒められ、あきらめさせられたときは、返す返すも無念だったと思います。

また第一国立銀行を設立した後、共同出資者だった三井組の差し金によって、同じく共同出資者だった小野組が経営危機に追い込まれ、第一国立銀行の存続が危ぶまれたとき、栄一は小野組の番頭であった古河市兵衛（のち古河財閥の創始者）が資産を拠出してくれたおかげで破綻の危機を免れますが、**それまで自分に協力してくれた古河市兵衛および小野組が解散することになったときの心情は、察するに余りあります。**

これだけの挫折感を味わったら、「もういいや」と考えて、何もかも投げ捨ててしまってもおかしくありません。それでも栄一はあきらめず、ひたすら自分の信じる道を歩み続けたのは、大きな夢を抱いていたからだと思います。

「国力を高めて、より良い社会を築く」という栄一の夢は、そう簡単に成し遂げられるものではありません。だからこそ、けっこう大きな挫折、失敗が襲ったとしても、それを大きな目標を達成するための小さな試練に過ぎないと思えたのではないでしょうか。

これは、現代においても役に立つメンタルコントロールの方法だと思います。

たとえば、資産形成をする場合です。株式市場にしても外国為替市場にしても、マーケットは常に価格が動いていますから、目先の損益だけを見ていると、毎日そのことばかり気になってしまい、ちょっとでも損失が出ると、その時点で「もうやめた」となり、マーケットから降りてしまいます。

でも、将来の目標額が1億円だとしたら、目先で10万円の損失が生じたとしても、大きな目標を達成する途中で生じた小さなブレという程度に考えることができるでしょう。

だからこそ、**夢は身近なものよりも遠大なものを持ったほうが、多少失敗しても不安に駆られずに済むようになるのです。**

あなたは信じる道を突き進んでいる？

あなたの
決断

第2章
現状に不満を持っているか

数年ぶりに大学時代の友だちと会った
チームリーダーになったんだ すごいね
いいことばかりじゃないよ 責任は増えたし
ところで 留学はどうするの？
え？
大学のときさ
留学資金ためたら会社やめて…！
もうあきらめたよ

お金はないしもう32だし…
言い訳をしている自分に驚いた
でも今から新しいことに挑戦するのは正直しんどい
またな
うん
僕の選択は間違っていない
…たぶん
何でこんなにモヤモヤするんだろう?

渋沢栄一の教え 7

人生は現状に満足したときに終わる

不満を持つのは成功へのパスポートを持っているのと同じ

あなたは、いまの生活に満足していますか？

この問いかけに対する答えはいろいろあると思います。本当に満足している人もいるでしょうし、決して満ち足りた生活をしているわけではないけれども、半分あきらめの気持ちから満足していると思い込もうとしている人もいるでしょう。

渋沢栄一は、『渋沢栄一訓言集』でこう言っています。

すべて世の中の事は、もうこれで満足だという時は、すなわち衰える時である。

人間は常に安定を求めます。特に経済面ではなおのことでしょう。なるべく収入が安定した仕事をしたいというのは、現代人に共通する考えだと思います。

特に昨今のように、先が見えにくい状況のもとでは、なおのこと多くの人が安定を求めます。だから、就職先の人気ナンバー１が地方公務員になったりするのです。民間企業でも、ベンチャー企業よりは大企業が人気を集めます。

いずれも、安定した生活がしたいという希望が強いからです。

努力をやめると知力も気力も衰える

でも、生活が安定して現状に満足したら、その先の進歩が期待できなくなります。

特にこれからの日本においては、その傾向が顕著になるでしょう。

なぜなら、人口の減少によって経済規模は縮小していく恐れがあるからです。

経済が縮小するなかでみんなが現状に満足し、何の工夫もしなくなったら、現状維持なんて絶対に無理です。経済はどんどん加速度的に縮小していくでしょう。

だから、現状に満足してはいけないのです。

それは経済全体についてだけでなく、個々人の生活においても当てはまります。

現状に満足したら、誰も何の努力もしなくなります。何の努力もしなくなったら、人間としてどんどん衰えていきます。

人間の身体でいえば筋肉のようなものです。年をとると人間の筋力はどんどん衰えていきます。筋肉の衰えを防ぐためには、とにかく運動が一番なわけですが、ともすれば運動するのが面倒といった理由から、多くの人は運動を怠りがちです。

結果、筋力がどんどん衰えてしまいます。知力や気力も同じです。

現状に不満だらけの人は大いに見込みがある

栄一は91歳でその生涯を閉じましたが、直前まで現役で仕事をしていました。

晩年の日課は、次のようだったと言います。

渋沢栄一の晩年の日課

午前6～7時：起床

午前7～8時半：朝食

午前9〜11時：読書
正午〜午後6時：仕事（外出して各種会合）
午後6〜7時：夕食
午後7〜10時：読書
午後10時：就寝

昼寝や仮眠はいっさい行わず、昼食は摂らなかったそうです。90歳を超えても午後はずっと仕事をしていたというのですから驚きです。

渋沢栄一は、『青淵百話』でこう言っています。

老人になれば、若い者以上に物事を考え、楽隠居をして休養するなどということは、絶対にしてはいけません。逆に、死ぬまで活動をやめないという覚悟が必要なのです。

現状に満足していたら、晩年にこのような発言はありえないでしょう。

栄一の頭のなかには、おそらく亡くなる直前まで「こうしたい・ああしたい」がいくつもあったのだと思います。

現状に満足できず不満だらけという人は、大いに見込みがあるのかもしれません。不満があるからこそ、それを何とか取り除こうとして、さまざまな手を尽くそうとするからです。会社内でも、自ら課題を見つけて解決を図ろうと努力する人は、仕事ができる優秀な人という評価を得られるはずです。

不満を持つのは成功へのパスポートを持っているのと同じことなのです。


あなたの不満は何？

あなたの決断

渋沢栄一の教え 8

社会への怒りが道を切り開く

渋沢栄一も岩崎弥太郎も原動力は不条理への怒り

社会人生活を送っていると、しばしば理不尽な目に遭うことがあります。腹が立ちますよね。渋沢栄一も若い頃、そういう目に遭いました。

高崎城乗っ取りのきっかけになったのは、社会に対する怒りがあったからです。

岡部藩の不条理な命令

渋沢栄一は10代の頃から父親の仕事を手伝っていました。若くしてすでに商売のベテランでした。自ら汗水たらして働いていたので、お金を稼ぐことの大変さも十分にわかっています。

ところが17歳のとき、岡部藩の代官から栄一の生家に500両もの御用金を出すように命令が下されました。

なぜ御用金が必要になったのか。その理由は、地元藩主のお姫様がお嫁に行くため、それに必要なお金を肩代わりしろということなのです。自ら汗水たらして働き、お金を稼いでいる栄一からすれば、自分の手を全く動かすことなく、代官という立場だけでお金を無心することに対して、許せないという気持ちになったのです。

このとき、栄一の怒りの矛先が幕府政治に向き、尊王攘夷思想に傾倒して高崎城乗っ取り計画につながりました。

高崎城乗っ取り計画は最終的に計画倒れとなり、幕藩体制を壊すまでには至りませんでしたが、栄一の社会に向けた怒りの感情は、明治時代にはびこっていた「官尊民卑」の風潮を大きく変える原動力になりました。

怒りというと、どことなくネガティブなイメージがあるのですが、大いなる怒りは国家社会の進展を促すのです。

「大いなる怒り」とは何かと言いますと、これは社会の不条理に対する怒りといってもいいのではないでしょうか。

たとえば隣近所とのいさかい事とか、「なんかあいつ、むかつく」という程度の怒りであれば取るに足らない話でしょう。

しかし、栄一のように、**社会の不条理に向けた大いなる怒りは、社会を変える原動力になるのです。**

これは栄一の最大のライバルだった、三菱財閥の総裁、岩崎弥太郎も同じだったと思います。

栄一の出自は農商であり、岩崎弥太郎は地下浪人の出だったということで、農家と武士の違いはありますが、やはり岩崎弥太郎も虐げられた立場でした。

地下浪人とは土佐藩における身分のひとつで、生活苦などから郷士身分を他者に譲って浪士になった下士のことです。

土佐藩は上士と下士の身分が厳格に分かれていて、下士は絶対、上士に逆らえませんでした。いくら理不尽なことであっても、下士は上士の命令に従うしかなかったのです。

岩崎弥太郎はそういう低い身分にいたからこそ、世の中に対して怒りにも似た感情を持っていたのだと思います。

それが明治維新という時代のパラダイムが大きく変わったときに乗じて、一気に世の中に出てきたのです。

いま目の前にある、若者たちの「大いなる怒り」

世界に目を向けると、いろいろなところで若者の怒りを感じます。

香港民主化デモ

2019年3月に勃発した香港民主化デモは、2047年まで香港において社会主義政策を実施しないとした「一国二制度」が揺らぐのではないかという懸念が引き金になりました。

グレタさんの国連演説

グレタ・トゥーンベリさんは2018年8月、15歳のときに「気候のための学校ストライキ」という看板を掲げ、スウェーデン議会の外で気候変動対策を呼び掛ける運動を開始し、同年の国連気候変動会議で演説したところ、それに同調した学生が世界中で毎週ストを行うというように、世界中に運動が広がっていきました。

おそらく、この手の感情はいまの50代、60代よりも、30代の若者のほうが強く持っていると思います。

あくまでも一般的な印象ですが、50代や60代はもはや自分が逃げ切れればいいと思っているフシを強く感じます。人生も残り少ないので、いまさら世の中を変革するのに力を尽くすよりも、静かに余生を過ごしたいと思うのでしょう。そのほうが「オトナ」らしいと思っているのでしょう。

確かに地球温暖化は大きな問題かもしれませんが、おそらく自分たちが生きている間は直接的な被害が生じるとも思えないので、事を荒立てずに静観したいというわけです。

でも、30代にとってはまだまだ先がありますから、自分たちの未来を考えれば、地球温暖化を放置しておくわけにはいきません。自分たちが生きている間に、気候変動が自分たちの生活に悪影響を及ぼすことも十分に考えられます。

将来の不安をなくすために、いまの不満を怒りに変えよう

日本だったら、地球環境もさることながら、喫緊の課題としては人口減少問題があります。このまま出生率が低下して少子化が加速する一方、長寿化によって高齢者人口が増え続ければ、若者が負担しなければならない社会保障費がどんどん重くなってしまいます。

最近、シェアリングエコノミーが注目され、それに関連した社会起業家が増えているのは、社会保障負担が重くなったときの対策という意味合いもあります。

それが怒りによって後押しされたものかどうかは定かではありませんが、日本の30代は将来に対して不安を抱いています。

人口比率の高い老人の声ばかりが大きく、さまざまな課題を抱えているにもかかわらず、それに対する解決策が見いだせていない、あるいは解決に向けて何のアクションも取られていない現状に対して、不満を持っています。

この不満が怒りに変わったとき、日本でも大きな社会変化が起こる可能性があります。

栄一は終生、政治とは一定の距離を置いていました。

しかし晩年、栄一は若者に対して、政治に関心を持つことの重要性を説いています。栄一が政治にかかわらなかったのは、時代背景ならびに自分の立場が特殊であったためで、それを見習わないようにということでした。

それは、いまの時代でも同じことです。

なかなか変わらぬ現状に対して怒りを覚えるならば、若い人たちも、もっと政治に関心を持つことが肝心です。

あなたは何に怒りを覚えますか？

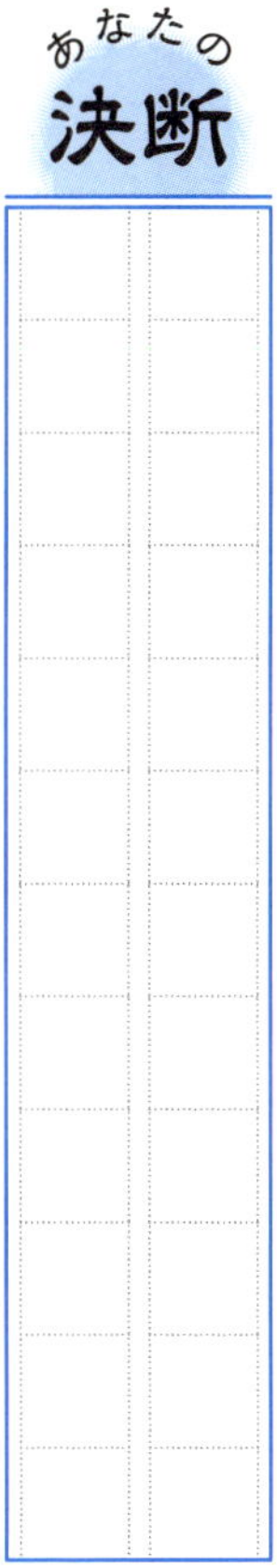

渋沢栄一の教え 9

良い金儲けと悪い金儲けを見分けろ！

道徳を無視した私利私欲の経営は持続しない

「金儲け」というと、おそらく悪いイメージが先に立つのではないでしょうか。映画やドラマを見ても、お金持ちは悪役と相場が決まっています。

いつからそのようなイメージが付いたのかわかりませんが、ともかく日本では、金儲けに対して良いイメージがありません。

米国にもロックフェラーやカーネギーなど、昔から大金持ちはたくさんいます。最近だとマイクロソフトのビル・ゲイツや大投資家のウォーレン・バフェットなどが有名です。彼らはみな、**自分の資産を独り占めすることなく、寄付したり、財団を設立したりして、自分が稼いだお金を社会還元に回そうとします。**いままで自分が稼げたのは社会のお陰。だから、財を築いた後はそれを社会にお返しするという考え方が一般的なのです。

金儲けにも品位があることを忘れるな！

渋沢栄一のトレードマークといえば、もうおわかりだと思いますが、『論語と算盤』です。論語は道徳、算盤は経済を指しています。これを**「倫理的資本主義」**と称する人もいるのですが、栄一本人は**「道徳経済合一説」**と言っていました。

『論語と算盤』から読み取れるヒントは2つあります。

読み取れるヒント① 合理的経営

経営者だけが利益を得るのではなく、社会全体が利益を得る「理念」「倫理」にかなう志の高い経営を行わなければ、幸福は持続しない。

経営者は従業員よりも収入が多いのは当然ですが、あまりにも経営者と従業員の所得格差が広がったり、あるいは社会全般が貧困に陥ったりすれば、いくら大金を稼いだとしても、経営者の幸せは持続しません。

社会が貧困になればなるほど、社会情勢は不穏なものになるからです。

貧富の差が激しい国に行くと、お金持ちは自分たちの居住地域の周囲を壁で囲い、出入口には厳重に武装した兵士を配しているようなところがあります。傍から見ていても、**塀の中で生活しているお金持ちが幸せな人生を送っているようには、とても思えません。**そこまでいかなくても、貧富の差が広がると、世の中全体に厭世ムードが漂います。

もちろん、栄一自身は決してお金儲けを否定したりはしませんでした。

富を求め得られたなら、賤《いや》しい執鞭《しつべん》の人となってもよい。

という栄一の言葉があるくらいです。ただし、この言葉の後には、こう続きます。

「正しい道を踏んで」という句がこの言葉の裏面に存在しておることに注意せねばならぬ。

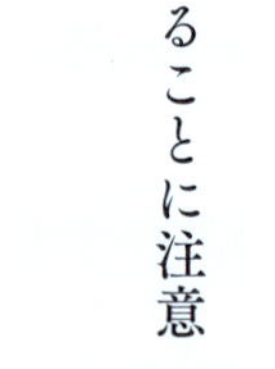

よく一代で財を成した人に対して、「あいつは成金だからな～」などと蔑みの視線を浴びせるケースがあります。

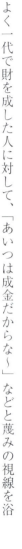

これはたぶんに品位の問題があると思います。一発当てて俄に大金持ちになったものだから、銀座のクラブで豪遊したり、高級スポーツカーやクルーザーを乗り回したりするなどというのは、まさに品位に欠けた行為と言わざるをえません。

栄一の場合、もともとお酒が呑めない体質でしたし、時代が時代なので、クルーザーで遊ぶようなこともありませんでした。

唯一の道楽は、きっと事業だったのだと思います。

それに、**栄一はいまでいう「シリアル・アントレプレナー」のようなもので、事業で得た利益はほぼ全額、次の新しい事業に投資することを繰り返していました。**

なので、結局のところ手持ちのお金というものは、かなり限られていたと思います。

５００社近い会社や団体を設立した割には、派手なことは一切しませんでした。

自分一人が利益を得て、自分だけが良い思いをすることを、潔しとしなかったのです。

良い金儲け＝道徳と経営を一致させる金儲け

では、手元に多額のお金があったとして、他の人から妬まれず、むしろ尊敬の念をもって見られるようになるには、どうすればいいのでしょうか。

読み取れるヒント② 道徳経営合一説

利益はすべて自分のものだとひとり占めすることなく、利益を社会に還元しなければ、経済活動は持続しない。

『論語と算盤』の「処世と信条」は、「論語と算盤は甚だ遠くして甚だ近いもの」という項目から始まります。言わんとすることを意訳すると、次のようになります。

算盤は論語によってできている。論語は算盤の働きによって、本当の経済活動と結びついている。したがって論語と算盤は、懸け離れているように見えるが、実はとても近いものなのだ。

私は常々、モノの豊かさとは、大きな欲望を抱いて経済活動を行ってやろうという気概がなければ進展しないものだと考えている。空虚な理論に走ったり、中身のない繁栄をよしとしたりするような国民では、本当の成長とは無関係に終わってしまう。

だからこそ、政界や軍部が大きな顔をせず、実業界ができるだけ力を持つようにしたいと希望している。実業とは多くの人にモノが行き渡るようにする仕事である。

これが完全でないと国の富は形にならない。国の富を為す根源は何かというと、社会の基本的な道徳を基盤とした正しい素性の富なのだ。そうでなければ、その富は完全に永続することができない。

ここにおいて論語と算盤という懸け離れたものを一致させることが、今日の急務だと私は考えている。

ちょっと長くなりましたが、ここに『論語と算盤』のすべてがあると私は思います。

論語（道徳）と算盤（経営）を一致させることが、今日では極めて大切な務めであることを言っており、それは「良い金儲け」とイコールです。

逆に、道徳を無視して金儲けに走るのは、「悪い金儲け」ということになります。

前述したように、『論語と算盤』が世に出たのが１９１６年ですから、いまから１００

年以上前のことですが、この考えは現代においても十分に通用します。

２０１９年末にベイルートに脱走した日産自動車の元社長カルロス・ゴーン氏は、２０１８年11月19日に金融商品取引法違反で逮捕された後、特別背任など他の罪状も併せて４回にわたって逮捕・勾留されました。とはいえ、２０２０年４月時点で判決はまだ出ておらず、場合によっては無罪になる可能性もあります。

仮に無罪判決が下った場合、法的には合法になります。が、道理として彼が行ったことが正しいのかというと、そこには疑問が残ります。

道理・道徳から外れた金儲けをすれば、本人はおろか、家族、社員の幸せも継続できなくなります。「悪い金儲け」の典型例といってもいいでしょう。

他にも栄一は、お金にまつわる格言をいくつも述べています。

孔子の言わんと欲する所は、道理を持った富貴《ふうき》でなければ、むしろ貧賤《ひんせん》のほうが良いが、もし正しい道理を踏んで得たる富貴ならばあえて差し支えないとの意である。

金はそれ自身に善悪を判別する力はない。善人がこれを持てば善くなるが、悪人がこれを持てば悪くなる。

いずれも言い方は違いますが、言わんとすることは同じです。

「道理を持った富貴」「善人がこれを持てば善くなる」というように、いずれも「論語と算盤を一致させる」ことの大切さを説いているのです。

自分だけ儲けて、本当に幸せだと思う？

あなたの決断

渋沢栄一の教え 10

小さなことにこだわるな！

細部にこだわり過ぎると、新しい物事に取り組む気持ちを挫く

これは渋沢栄一の言葉ではないのですが、**「小事に拘わりて大事を忘るな」**という言葉があります。

小さいことにこだわり過ぎるあまり、大事なことを忘れてはいけないという意味です。枝葉末節のことにばかりこだわっていると、本来の目的を忘れてしまいがちです。それを戒めた言葉です。

なんて言うと、**「神は細部に宿る」**って言うじゃないかという意見が出てきそうですね。「神は細部に宿る」は、ドイツの建築家、ミース・ファン・デル・ローエの言葉として知られているのですが、確かに建築物の場合、建物の外見がいくら立派でも、基礎や柱などの細部が適当だったら、欠陥住宅問題に発展してしまいます。でも、基礎や柱、その接合

部などがしっかり施工されている建物ならば、いつまでも安心して住むことができます。

このように、建築物や工業製品、あるいは芸術などのモノづくりに関しては、細部がしっかりしていないと「クオリティが低い」と見なされてしまうので、外観だけでなく細部にこだわるのはとても大事なことです。まさに魂は細部に宿るというわけです。

判断の遅れは命取りになりかねない

しかし、**何か目標を定めて、それに向けて物事を進めていくとき、あまり細部にばかりこだわると、ダイナミズムが失われる恐れも出てきます。**

栄一は『論語と算盤』で次のような言葉を遺しています。


あまりに堅苦しく物事に拘泥《こうでい》し、細事に没頭する時は、自然に溌剌《はつらつ》たる気力を銷磨《しょうま》し、進取の勇気を挫くことになる。（中略）溌剌たる活動をなし、初めて大事業を完成し得るものであるから、近来の傾向については、大いに警戒せねばならぬ。

「銷磨」とは、すりへることや消えてなくなることを意味します。細かいことに必要以上にこだわると、溌剌とした気力がすり減り、新しい物事に取り組んでいこうという気持ちを挫くことになると言っているのです。

以前、日中経営者会議に参加したとき、中国人経営者がこのように言いました。
「私たちが日本企業から学ぶことはまだたくさんある。ただ、中国の場合、会談2回目でトップ判断ができる一方、日本では何回も何回も会談を繰り返さないと意思決定ができないようですね」

確かに日本企業、それも成熟産業で事業規模が非常に大きな企業になると、その傾向は強くなるような気がします。それに、入念に土台を固めないと長期の戦略は考えられないという日本企業の経営者は少なくありません。

これに対して、中国の企業経営者は即断即決です。日本のように、ひとつのことを決めるのに、ややこしい根回しをする必要もありません。

最近でこそややペースは落ちたものの、中国経済の発展スピードが、日本に比べてはるかに速いからだと思います。次から次に、トップがものすごいスピードで経営判断を下していかないと、他の企業にビジネスを奪われてしまう恐れがあるのです。

渋沢栄一が「あまりに堅苦しく物事に拘泥し……」という言葉を遺したのは、おそらく当時の日本が、まさに発展の途上にあったからだと思います。

栄一が500社ほどの会社を立ち上げたのは、裏を返すとそれだけ当時の日本には、何もかも不足していたからと考えられます。

しかも、国外に目を向けると欧米列強が日本を植民地化しようと狙っているような時代でしたから、一刻も早く経済力をつけて、日本の国力を高める必要がありました。

そういう時代背景を考えると、細事にこだわって物事がなかなか進まないというのは、当時の日本にとっては命取りになりかねなかったのかもしれません。だからこそ、小さいことにこだわらず、先へ先へと進む必要があることを、この言葉に込めたのだと思います。

とはいえ、前だけを見てとにかくガンガン進めなどとは言っていません。細かいことにばかりこだわっているとチャレンジ精神が萎えてしまうと言いながらも、それに続いて栄一は、「細心で周到な努力は必要だ」とも言っています。

細心さと大胆さの両面を兼ね備えて、溌剌とした活動を行うことによって初めて、大事

業が成し遂げられるということなのです。

大胆さを強調するくらいでちょうどいい

それに加えて、「細かいことにこだわったり、一部のことだけに没頭したりすると、法律や規制の類ばかりを増やすことになる」とも言っています。

その結果がどうなるのかというと、**法律や規則などに抵触しないで済むように行動しようとしますし、規則に則っていればいいというように現状に満足してしまいがちです。**

当然ですが、これでは何も大きなことを成し遂げることはできないでしょう。

1990年代以降、日本では「規制緩和」「規制改革」という言葉がよくメディアなどで取り上げられました。それはバブル経済の崩壊によって、日本経済の先行きが非常に厳しくなったからです。

当時のようにお上が設けた規制でがんじがらめにされていたのでは、民間企業の活力がどんどん後退するばかりだという危機感から、規制を緩めることによって新しいビジネス機会を創出し、日本経済の活力を取り戻そうとしたのです。

それでも日本のＧＤＰは、バブルが崩壊した１９９０年代から２０２０年に至るまで、ほとんど成長していません。

デフレ経済が想像した以上に経済にダメージを与えたこともありますし、最近では日本の人口減少が経済発展にブレーキをかけています。

こうした状況から日本が脱するためには、おそらく大胆なゲームチェンジが必要になるでしょう。その意味では多少、大胆さを強調するくらいでちょうどいいのかもしれません。

あなたにとって本当に大事なことは何？

あなたの決断

渋沢栄一の教え 11

成功者の形ではなく心を真似ろ！

本質を見極めないと実践では何の役にも立たない

おそらく、あなたは人生の成功者になりたいと考えていることでしょう。

それは当然ですよね。誰でも、失敗して落ちぶれて、失意のうちに人生を終えたいなどと思っている人はいないはずです。

では、成功するためにはどうすればいいのでしょうか。

なぜ成功者を真似するだけではダメなのか

成功するための方法のひとつとして、すでに成功を収めている人の真似をすることが挙げられます。真似をすることは決して悪いことではありません。何事も上達への近道は真似することにあります。スポーツだってそうですし、職人だってそうです。

寿司職人として一人前になるためには、自分よりも目上の職人たちの技を「見て盗め」と言われます。徹底的に模倣したうえに自分のオリジナリティを加えて、自分だけの技を生み出していくのです。

ただ、そのときに重要なのは、形を真似するだけではダメだということです。

渋沢栄一は『渋沢栄一訓言集』において、次の言葉を遺しています。

真似はその形を真似ずして、その心を真似よ。

この言葉の言わんとしているのは、単に形式だけを真似していてはダメで、本質を真似ることが大事だということです。

このことを、ゴルフを始めたばかりのAさんの練習法を例に考えてみましょう。

Aさんの練習法

プロのコーチ、レッスンプロ、あるいはゴルフ歴の長い先輩にスイングを見てもらったり、一緒に練習場に行って先輩のスイングをチェックし、それを真似したりすることから始める。そして、ある程度真似できたら、そのスイングを100回、200回と繰り返すことによって、自分の身体にスイングの特徴を覚えこませる。

確かに、この方法なら上達も早いでしょう。

ただ、ひとつだけ注意しておくべき点があります。いくら一所懸命、形を模倣したとしても、教えてくれた人以上の実力を身に付けるのは難しいということです。

自分自身の実力をさらに昇華させたいと希望するのであれば、「形」だけを真似るのではなく、その心、つまり「本質」を真似る必要があるのです。

真似るべきは、ビジネスモデルではなく、企業理念

成功したいと考えている方のなかには、自分で会社を興して、社会課題を解決するという夢を持っている人もいるでしょう。会社も世の中のさまざまな変化の波で洗われているうちに、どんどんビジネスの形態が変わっていきます。

たとえば、東レという会社をご存じでしょうか。東レの最初の社名は「東洋レーヨン」

といって、人類初の化学繊維であるレーヨン糸を製造する会社でした。それがいまでは、ポリエステルやアクリル、ナイロンといった繊維はもちろんのこと、水処理関連、建材、家庭用浄水器、医薬・医療関連機器に至るまで、幅広いビジネスを展開しています。

あるいはソフトバンクも、かつてはコンピュータ関連の雑誌をつくる出版社だったのが、いまでは世界中のＩＴ関連企業に投資する投資会社になっています。

このように、**時代の流れによって会社の業態は変わっていくものですが、そのなかで変わらないもの、変えてはいけないものがあります。それが「企業理念」です。**

たとえば東レの企業理念は、「わたしたちは新しい価値の創造を通じて社会に貢献します」というものです。この企業理念はこれから東レの業態がどのように変わったとしても、ずっと変わらずに続いていくものです。もし、途中で頻繁に変わるようなものだとしたら、それは企業理念とは言いません。

企業理念とは、その企業の体を成す、まさに本質の部分といってもいいと思います。

この部分さえしっかりしていて、それを全社員が皆、自分事として胸に刻み込んでいれば、その会社はサスティナブルな組織になりえます。

社会課題を解決するために起業したいと考えている人は、この部分を真似るべきなのです。

たとえば、いまは人工知能関連が注目されているからといって、安易に人工知能の開発会社を立ち上げたとしても、そうおいそれとビジネスは成功しないでしょう。もちろん、この分野における競争相手がひしめいていることもありますが、ただ流行っているからというだけで会社を立ち上げても、「仏つくって魂入れず」になってしまいます。

これでは会社は長続きしません。

成功している会社から学ぶべきことは、ビジネスモデルではなく、企業理念や経営者の経営哲学なのです。

あなたの近くの成功者の本質を探してみよう！

あなたの決断

渋沢栄一の教え
12

「お金がないからできない」を禁句にしろ!

今も昔も、お金は志や熱意への共感で集まってくる

夢があるならば、それに向けてアクションを起こせばいいのに、なかなかそれをしない人は、2つの言い訳をします。

それは「時間がない」と「お金がない」です。

とりわけ「お金がない」と言い訳する人はけっこういますね。

「海外に留学したい」
「でも、お金がない」
「独立して会社を立ち上げたい」
「でも、お金がない」

特に現実を直視する年齢になると、「お金がないから」と言い訳する傾向が強くなるような気がします。

夢の実現に必要なお金を労働だけでつくるな！

本当に夢を追いかけている人は、お金があるとかないとかは関係ないのです。夢を実現させるために、何とかしてお金を調達しようとします。

おそらく、この話を聞いて、「でも、自分の稼ぎなんてたかが知れているし、そこで夢を実現させるためのお金をつくるなんてとても無理」と言う人もいるでしょう。

では、**どうして夢の実現に必要なお金を自分の労働だけでつくろうと考えるのでしょうか。自分の稼ぎだけで調達できないお金は、他から持ってくればいいのではありませんか。**といっても、強盗しろなどと犯罪をそそのかしているわけではありません。熱意があれば、他人から資金を調達することもできるという話です。

渋沢栄一は、『渋沢栄一訓言集』に次の言葉を遺しています。

信用は暖簾《のれん》や外観の設備だけで、収め得られるものではなく、確乎たる信念から生ずるものである。

信念のあるビジネスアイデアには、必ずスポンサーがつきます。もし、スポンサーが全く現れない場合は、そのことを愚痴る前に、なぜ自分のビジネスアイデアが受け入れられないのかを、冷静に考え直す必要があります。そういうことを栄一は言っているのです。

お金は「志」に集まってくる

栄一は生涯、500社ほどの会社を立ち上げたわけですが、これはすべて自分のお金だけで行ったわけではありません。

渋沢栄一の資金調達① 東京海上保険

海上保険の重要性について栄一は、福沢諭吉と将棋を指し、それを大隈重信と岩崎弥太郎が観戦するという、豪華メンバーが列席する場で話をしたそうです。

それによって日本初の海上保険会社を設立する構想が動き始め、栄一はそれを設立するのに必要な資金を調達するために、華族出資団に危険を分散することの大切さを説明し、そこからの出資を得ました。

渋沢栄一の資金調達② 帝国ホテル

発起人に名を連ねた栄一は、海外からの賓客を招くに際して当時の日本には十分な宿泊施設がなく、これでは満足できる外交ができないという危機感を抱き、ホテルの建設に尽力しました。

「ホテルは一国の経済にも関係する重要な事柄。外来の御客を接伴して満足を与ふるやうにしなければならぬ」と述べ、政財界に帝国ホテルの建設を呼び掛けたのです。

渋沢栄一の資金調達③ 磐城炭礦社（現在の常磐興産）

日本の産業化を進めるのに必要なエネルギーを確保するため、浅野総一郎、大倉喜八郎、地元資産家からの出資を得て設立しました。

渋沢栄一の資金調達④ 大阪紡績（現在の東洋紡）

栄一が大阪財界の藤田伝三郎、松本重太郎たちと設立を企画し、会社設立に必要な21万円を、前田敏嗣をはじめとする21名の華族、さらには東京の実業家数名からの出資によって得て実現させました。

この他にも栄一は、さまざまな人の協力を得ながら、近代日本に必要な会社をどんどんつくっていきました。こうした資金調達の方法が実現したのは、栄一が日頃より**「合本主義」**を提唱していたからです。

もし三菱の岩崎弥太郎のように**「独占主義」**を是としていたならば、大勢の人から資本を募って株式会社組織を設立するようなことは無かったでしょう。

合本主義とは大勢の人から資本を募って会社を設立し、そこから得た利益の一部を出資者で分かち合うという考え方です。

これに対して岩崎弥太郎は、すべての利益を三菱で独占しようとしました。

こうした考え方の違いから、渋沢栄一と岩崎弥太郎は海運事業において熾烈な戦いをすることになったのです。

志に対してお金が集まるのは、栄一の時代だけでなく、いまでもそうだと思います。

クラウドファンディングなどはそのひとつです。ＩＴ技術の進化によって、銀行やベンチャーキャピタルに頼らずとも、一個人が資金調達できる時代になりました。

「こうした社会課題を解決したい。そのためのビジネスプランを持っています。それにはこれだけの資金が必要なので、共感・賛同してくれる人は出資してください」とネット上でプレゼンテーションを行い、賛同者から資金を募るのです。

たとえば、月額制で日本全国の家に自由に住める多拠点居住ビジネスを展開しているアドレスは、２０１９年11月、不動産投資型クラウドファンディングによって、わずか３日間で３６５５万円を集めました。すでにこのような実例も出てきているのです。

もちろん金額的には、ベンチャーキャピタルから出資してもらうのに比べれば少額ですが、それでも共感を背景にして３６５５万円もの資金を集められる時代になってきたのです。これは、なかなかすごいことだと思います。

共感でお金を集めるという意味では、「寄付」もそのひとつでしょう。

私が会長を務めているコモンズ投信でも、「コモンズSEEDCap」という寄付プログラムを持っていて、社会起業家に対してファンドの信託報酬の1％相当を寄付しています。2019年で10回を数えるまでになり、10人の社会起業家を支援してきました。

熱意があれば銀行融資、ベンチャーキャピタルからの出資とは違った形での資金調達が可能になっています。

これを「共感資本主義」といってもいいのではないでしょうか。

労働だけがお金を得る手段と思ってない？

あなたの
決断

渋沢栄一の教え 13

日常に流されるな、自分の頭で考えろ！

日常と違う環境に身を置くと、新しい発想が生まれる

この章の最初で、「あなたは、いまの生活に満足していますか」と聞きました。おそらく、「まあまあ満足」と答える人はけっこういると思います。

ところが、この「まあまあ満足」というのが曲者で、たいていのケースは「多少の不満はあるけれども、上を見てもキリがないから現状で満足しておくか……」というような、半ばあきらめに近い感情が含まれていたりします。

日常に流されると逃げ出せなくなる

普通に働いていれば毎月、決まったお給料が入ってくる。飛び切りの贅沢はできないけれども、ときどきはちょっとした旅行にも出かけられる。週末は友人と呑みに行き、休日

は自分の趣味に時間を割ける。

こうした流れがルーティンになると、人はいつの間にか日常に流されるようになります。

そして、いったん日常に流されてしまうと、そこからなかなか抜け出せなくなります。

もちろん、それでも生きていくことはできますから、「自分の人生、こんなもんだ」と納得できるのであれば、それでもいいと思います。でも、**「何とかして世の中を変えていきたい」と思っているならば、日常に流されてはいけません。**

官尊民卑を打破し、良い日本をつくるために走り続けた渋沢栄一は、『論語と算盤』で次のように言っています。

日々に新たにして、また日に新たなりは面白い。すべて形式に流れると精神が乏しくなる。なんでも日に新たの心掛けが肝要である。

日々、何か新しい出来事があって、毎日を新しい気持ちで迎えることができれば面白い。毎日がルーティンになると、精神が貧しくなる。なんでも毎日新しい気持ちで迎えられるような心掛けをすることが大事だということです。

まさに日常に流されてはいけないということを、栄一は言っているのです。

人間は慣れる生き物ですから、毎日、何か新しいことにチャレンジし続けるモチベーションを維持するのは大変です。

栄一は、『渋沢栄一訓言集』で、こうも言っています。


習慣というものは、善くもなり、悪くもなるから、別して注意せねばならない。

習慣になり、熟達の域に達すると、それは高い実力として評価されますが、一方でマンネリに陥る恐れがあります。だから注意しなければならないという意味です。

新しい出来事は寄り道で出合う

では、どうすれば毎日、何か新しい出来事に巡り合えるようになるのでしょうか。

実はこれ、誰にでもできる簡単な方法があります。

新しい出来事に巡り合える方法

家から会社までの出社ルート、会社から家までの帰宅ルートを少しだけ変える。

昔、子供の頃に寄り道をして親に怒られた経験のある人は大勢いるでしょう。その頃のように、ちょっとだけ寄り道をするのです。

行き帰りのルートを少し変えるだけで、きっと新しい発見をすると思います。

出社するときは時間の制約があるのでなかなか難しいと思いますが、帰り道なら時間にも余裕があるでしょう。会社の同僚と一杯やるのも大事なコミュニケーションかもしれませんが、寄り道を自分だけの密やかな娯楽にするのです。

この「自分だけの」というところがキモです。

寄り道は絶対に会社の同僚と一緒にやってはいけません。それだと会社の仕事という日常の延長線になってしまうからです。

「ここに新しいお店ができたんだ」
「このルートのほうが実は会社までの距離が短いじゃないか」

ささやかな発見で良いのです。それがルーティン化した日常に楔《くさび》を打ってくれます。それを繰り返しているうちに、パターンで凝り固まった頭が徐々に柔らかくなっていきます。そして、**日常と違う環境に身を置くことで、新しい発想が生まれてきます。**

日常に流されない工夫が新しい発想へとつながる

また最近の企業の中には、「オフサイトミーティング」を定期的に行うところがあります。これは、意図的に会社から離れた場所で開催する会議のことです。

日々、同じ会議室で、ああでもない、こうでもないと言い合っていても、良いアイデアなどなかなか生まれてきません。でも会社を出て、時には電車で移動した場所で会議をすれば、非日常性がスパイスとなって、良いアイデアにつながる可能性が出てきます。

何よりも大事なのは、日常に流されない工夫を常に行うことです。**常に工夫をするためには、何かを考え続けなければなりません。それが脳への刺激とな**

り、新しい発想へとつながっていきます。

新しい発想が生まれたら、あとは実行するのみです。

実現可能性を検証し、可能となったら協力者を探して実行する。

おそらく渋沢栄一も、こうして日本の未来にとって必要な産業は何かを考え、新しい発想が生まれたら、その実現に向けてただひたすら走ったのでしょう。

このようなことを繰り返していけば、「日々に新たにして、また日に新たなりは面白い」という言葉が出てくるのも自然なことなのだと思います。

今日、あなたが発見した新しい出来事って何？

あなたの
決断

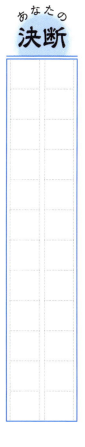

第3章

同じ志を持つ仲間はいるか

職場で隣のチームが新規プロジェクトを成功させたようだ
チームリーダー僕の同期だよな…
上司からも部下からも慕われている
僕も新入社員のころそんなリーダーを夢見ていた
でも現実はどうだ
チームリーダーにはなれたが
僕のチームの仕事はうまく進んでいない

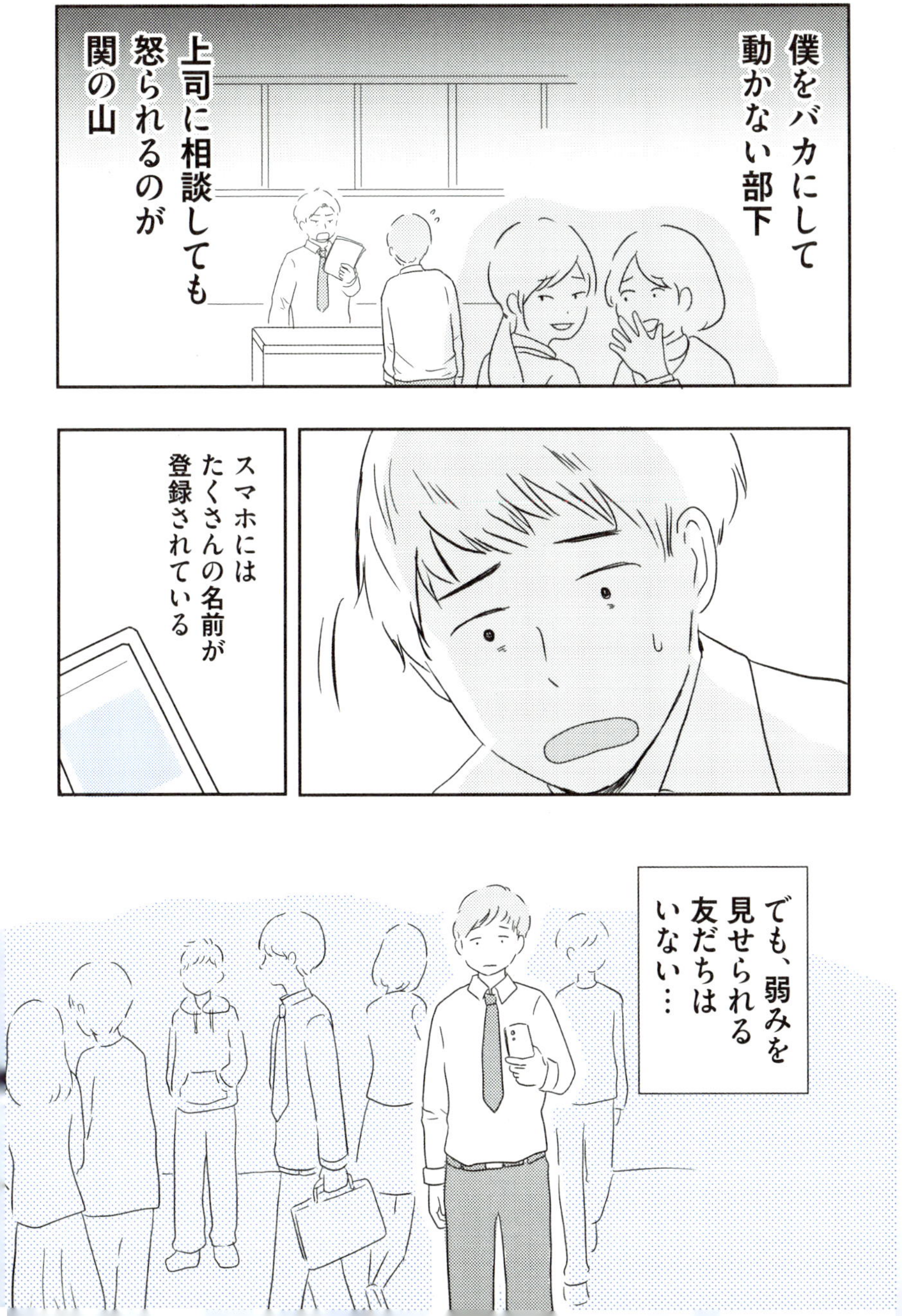
僕をバカにして
動かない部下
上司に相談しても
怒られるのが
関の山
スマホには
たくさんの名前が
登録されている
でも、弱みを
見せられる
友だちは
いない…

渋沢栄一の教え 14

仲間が欲しければ信用を得ることを考えろ！

相手を信用するから、自分も信用してもらえる

ビジネスは、ひとりでできるものではありません。私もコモンズ投信という運用会社を立ち上げて経営していますが、それだって共同創業者で代表取締役社長を務めている伊井哲朗さんの力があったからです。

５００社ほどの会社の設立に直接的、あるいは間接的にかかわった渋沢栄一も、一人でそれを成し遂げたわけではなくて、背景には大勢の仲間がいました。

信頼関係が、渋沢栄一の絶体絶命の危機を救った

栄一の人生を追いかけたとき、そのキャリアの最初期で一番大事なキーパーソンは、平岡円四郎だと私は思います。

なぜ一番大事なのかというと、平岡との出会いがなかったら、栄一は資本主義の父などと言われることなく、単なる謀反人で処刑されていたかもしれないからです。

前にも触れましたが、栄一は若かったころ、当時の幕府体制に疑問を持ち、高崎城の乗っ取りを画策しました。実行する直前に考え直して中止としましたが、このような密議が幕府の知られるところになれば命の危険がありますので、栄一は従兄の渋沢喜作とともに平岡を頼って京都に流れます。

このときの逃亡劇がなかなか興味深いので簡単にお話ししましょう。

渋沢栄一の逃亡劇

平岡円四郎は、一橋家の家来だった人です。書生論なども好きで、若い人を集めて、いまでいう勉強会を開いていたようです。そこに栄一も参加していました。

おそらく、栄一は平岡に可愛がられたのでしょう。「何かがあったら、いつでもおいで」と言われていたのかもしれない。だから、「何かがあって」地元の幕府の役人たちから目をつけられていた身の栄一は平岡を訪ねることにしたと想像します。

ただ、そのとき平岡は京都に赴任していました。その時代には移動の自由はなく、途中の関所を越すには手形が必要です。栄一は同志で従兄である喜作と共に江戸の根岸の平岡邸を訪ね、留守居の妻から「平岡円四郎家来」という手形をいただいたのです。

まあ、図々しいと言えばその通りかもしれません。

ただ、それができたのは、栄一と平岡との間に信頼関係があったからだと思うのです。だって栄一と喜作は、少なくともこの時点ではまだ反幕府の過激派ですからね。その身元引受人になるのは、かなりリスキーな話であったはずです。にもかかわらず、栄一と喜作の身元引受人になったのは、かなり厚い信用関係があった証拠だと思うのです。

目上の人に「可愛いやつ」と思われる人になれ！

これはけっこう、いまの時代でも通用する人心掌握テクニックのひとつです。

仕事を続けていくと、いろいろストレスが多い難題を抱えることがあるわけです。それに自分ひとりで対処しようとしても、なかなか先に進まず、最悪の場合、精神的に壊れてしまうことだってあります。

そんなとき、**誰か相談できる人がいたら心強い**じゃないですか。

でも、単に愚痴を聞いてもらうだけの人間関係ではダメです。その人に相談すれば問題を解決できる糸口を得られる人じゃなければ意味がありません。

たぶん、そういう人は年齢的にも目上の人になるでしょうから、爺殺し、婆殺しになることが大事なんです。**目上の人から「可愛いやつ」と思われるようになれば、いろいろな場面で効いてきます。**

では、そのためにはどうすればいいのか。

これはもう積極的に外に出ることです。**会社の人間関係の枠内だけで生きていると、永遠にこの手の人脈、信頼関係を築くことはできません。**

単に勉強会に参加しているというだけではダメで、そこで積極的に発言するとか、とにかく目上の人に自分を印象づけるようなことをしなければなりません。

栄一も、この点では優等生だったようです。

渋沢家の集まりでのエピソード

渋沢栄一は14歳のころから家業を手伝っていました。毎年正月に藍葉の仕入先を招待する新年会で幹事を任された栄一は、年功序列で席順を決めるというそれまでの慣習に従うのではなく、藍葉の出来栄えで席順を決めたようです。その場はかなりざわついたことが想像できますが、栄一は年功よりも実力を重視したのです。

当時の情勢から考えれば、大半の人は面白くなかったでしょう。でも、「そこが面白い」と思ってくれる人がいたのも、また事実だったのだと思います。

特に新しいことをやりたいと思っている人たちにとって、栄一の革新的な考え方は、目上の人からすれば「可愛いやつだ」ということになり、年下の人たちからすれば「この人は信用できる」ということになったのでしょう。

それが栄一の周りに人垣をつくったのです。

すべては人を信用することから始まる

それと同時に、**栄一もまた自分の周りの人間をよく信用したのだと思います。**

よくよく考えてみれば、栄一と喜作がお尋ね者になる一歩手前で平岡に「家来にしてくれ」と話を持ち掛けられたのも、栄一が平岡を信用していたからだと思います。

もちろん相手を信用するためには、自分にとって信用が置ける人間なのかどうかを見極める目を持つ必要はありますが、**お互いに信用し合う関係を築くことができれば、自分が窮地に立たされたとき、助けの手が差し伸べられるのです。**

あなたは周りの人を心から信用している？

あなたの

決断

渋沢栄一の教え 15

知情意をバランス良く持った常識人になれ！

思いやりと意志が、あなたの信用を高める

『論語と算盤』の「常識と習慣」の章には、「偉き人と完《まった》き人」という項目があります。

仲間を得るうえで信用が大事なことはすでに述べましたが、それと同じくらい大事なことだと栄一が言っているのが、「完き人」であることです。

完き人という言葉自体、最近は全く用いられなくなっているので、「？・？・？」という方も多いかと思うのですが、**要するに常識人ということです。**

これに対して偉き人とは、他が欠点だらけでも何か一点において非凡な能力を発揮し、他の欠点を補って余りある人になります。

おそらくアップルコンピュータを創業したスティーブ・ジョブズは、その典型例だと思います。歴史上の人物では、織田信長もそうなのかもしれません。

栄一は、『論語と算盤』の中で次のように述べています。

> 史乗《しじょう》などに見ゆるところの英雄豪傑には、とかく知情意の三者の権衡《けんこう》を失した者が多いようである、すなわち意志が非常に強かったけれども知識が足りなかったとか、意志と知恵は揃っていたが、情愛に乏しかったとかいうがごとき性格は、かれらの間にいくらもあった。

人間関係を築くうえで大事なのは、おそらく「常識とはいかなるものか」ということだと思います。

私たちが日常で「常識」という言葉を使うとき、それは世の中における常識的なことを「知っているか」「知らないか」という点が常に問われます。「こんな常識も知らんのか！」と、上司から怒られたことがある方も大勢いらっしゃるのではないでしょうか。

でも、本当の常識は、「ｏｒ（か）」の話ではないと思います。

常識人として大事なことは、知情意が均等に、かつ向上していることだと、栄一は言いたかったのではないでしょうか。だから「英雄豪傑には、とかく知情意の三者の権衡を失した者が多い」と言ったのだと思います。

偉き人ばかりだと、生きにくい世の中になる

知情意は知と情と意が揃うことですから、前にも述べた「と」の精神に基づいています。つまり「ａｎｄ（と）」です。

知識だけ備わっている人は、ある意味、ずる賢くなる傾向が多分にあります。それでは常識人とはとても言えません。

だから、情愛、つまり人に対する思いやりを持つことによって、ずる賢くならないようにする。ただ、情愛が溢れていると、今度は周囲に流されてしまう恐れがあるので、そこには意志が必要になります。

でも、意志ばかりが強いとただの頑固者になってしまうので、最終的には知情意が揃って昇華していくことが望ましく、その努力を常に怠らない人が常識人だということです。

もちろん、偉き人が不要だと言っているのではありません。スティーブ・ジョブズや織田信長がそうだったように、偉き人は「チェンジメーカー」になりうる可能性を大いに秘

めています。

ただ、そういう人ばかりが周りにいたら、これはおそらく相当、生きにくい世の中になる気がします。また、知情意の３つのバランスが取れていない人は、やはりどこかバランスが悪いので敵も多く、隙があると一気に押し倒されてしまうリスクがあります。

この点、**完き人は知情意という3つの側面をバランス良く持ちつつ、それらを均等に大きくしていける能力を持った人**だと思うのです。つまり、「小さくまとまった人」では決してありません。ここは誤解しないように注意してください。

ジム・コリンズという経営学者をご存じでしょうか。彼の著書『ビジョナリー・カンパニー2：飛躍の法則』では、単に良い会社（グッド）ではなく、偉大な会社（グレート）の経営者には共通点があると述べています。それは「自分の会社が経済的にどのように回っているのかを把握するのは当然だが、それに加えて情熱が必要であり、さらにどれだけニッチな分野でもいいので世界一になるという意思を持っている」と言うのです。

自分の会社の経営状況を把握するのが「知」、情熱を持つのが「情」、そして世界一になるという「意」です。

栄一とジム・コリンズでは時代も全く違いますし、活躍していた場所も異なりますが、グレートカンパニーの経営者は、知情意という3つの要素をバランス良く持つ必要があるという点で、見事なまでに一致しているのです。**洋の東西を問わず、また時代を問わず、知情意が経営者をはじめとする組織のリーダーにとって必要な要素**ということなのでしょう。

完き人になるのに、特別な才能なんていらない

チェンジメーカーである偉き人は、ゼロから1を生み出すことには長けていても、**1を100にまで育てるのは、やはり完き人でなければできない**と思います。ゼロから1を生み出すためには、他の人とは全く異なる発想、着眼点、周りの人が何と言おうとも自分の考えを押し通そうとする、ある種のエゴイズムが必要ですが、たぶん、周りの人が付いていけなくなります。

天才は常に孤独です。それはそれでロマンを感じる人もいると思うのですが、1を100にするためには、どうしても組織力が必要です。

一方、知情意の3つをそれぞれバランス良く大きくできる、非常に大きなフレームワークを持った常識人は、周りの人からの信用も厚く、リーダーに相応しい存在になります。

そして、**知情意をバランス良く大きくするためには、特別な才能に恵まれていなかったとしても、努力次第で何とかなる**はずです。

だから、自分は何かに突出した偉き人になれないということを嘆き悲しむ必要は、全くありません。知情意を大きく育てていくことを考えればいいのです。そうすれば、周りの人からの信用を得て、リーダーとして活躍の場が与えられる可能性が高まるはずです。

知情意、あなたに足りないものは何？

あなたの
決断

渋沢栄一の教え 16

感謝の気持ちを相手の心に届けろ！

どのように礼を尽くすかで信頼関係の深さが変わる

第一国立銀行は、渋沢栄一が設立したことになっていますが、本当のところはもう少し複雑な経緯を経ています。

第一国立銀行の設立経緯

江戸時代から為替業務を行っていた三井組が、その経験を活かして三井組だけで銀行を設立しようとしていました。そのとき、国家繁栄には一社の利益ではなく、合本組織の実現が必要であると考えた渋沢栄一の主張によって、三井組と小野組という豪商が約4割ずつ、残る約2割を栄一と他の資本家も加わった形で出資して第一国立銀行が設立されました。

当然、自分たちだけで銀行業務を行おうとしていた三井組からすれば、面白くない話です。自分たちが考えていたプランに横からひょいっと栄一が現れ、合本組織が必要だから三井組だけでなく、他の資本家も加えて合本組織にしようと言われたのです。

しかも、栄一が総監役に就任したわけですから、三井組としては、いまは従う顔を見せながら、腹の中では必ずこの状況をひっくり返してやろうという気持ちが、フツフツとしていたに違いありません。

古河市兵衛はお金より信用を選んだ

第一国立銀行の資本金は244万円でした。このうち三井組と小野組が100万円ずつ出資し、残りの44万円は一般から募集した出資によってスタートしました。

ここは憶測にすぎませんが、三井組としては、小野組を追い出すことさえできれば、当初考えていた通り第一国立銀行を三井組の銀行にできると踏んだのかもしれません。

また、政府の中には小野組を鬱陶しく思っている人たちもいたのかもしれません。為替方（国庫金を取り扱う特別業者）である三井組、小野組、島田組に対して担保金の引き上げを要請したのです。どうやら、この情報を三井組は早めにキャッチしていたようですが、小野組は資金繰りが苦しくなり破綻を余儀なくされます。

小野組は第一国立銀行にとって出資者であるのと同時に、最大の貸出先でもありました。その小野組が経営破綻に陥れば、第一国立銀行は融資した資金の回収ができなくなり、連鎖破綻のリスクにさらされます。実際に第一国立銀行から小野組に無担保で貸し付けられていた資金の総額は138万円でした。

渋沢栄一の第一国立銀行救済策

栄一は、小野組の破綻によって第一国立銀行や、小野組と取引のある他の店が連鎖倒産するのを防ぐため、小野組に担保を差し出してもらい、政府の先手を打って自ら会社を畳むというアイデアを出しました。

小野組は、栄一の言い分を飲んで解散を決定し、できる限りの担保をかき集めて、その返済に充てることにしました。

このとき、小野組の番頭だった人物が古河市兵衛です。

古河市兵衛は、栄一と第一国立銀行を助けるため、小野組が持っている担保を集めることに奔走しました。

結果、**小野組は解散しましたが、古河市兵衛は栄一から大きな信用を得ることになりました。**古河市兵衛が信用を重んじる人物で、小野組の資産を一切隠すことなく、担保として提供したからです。この一件で古河市兵衛は、渋沢栄一という有力な協力者を得ることができたのです。

心を込めなければ、かえって失礼になる

古河市兵衛は、小野組の解散を見届けた後、独立して鉱山事業に取り組もうとしたものの、無一文でした。そこで**必要な資金を提供したのが、渋沢栄一だった**のです。

栄一は、古河市兵衛が信用を重んじて私財を提供してくれたから、第一国立銀行が破綻せずにすんだことに感謝しており、だからこそ、**その信用に応えるため、古河市兵衛が必要としているときに資金を提供した**のです。

こうして古河市兵衛は新潟県の草倉鉱山の開発に成功した後、栃木県にある足尾銅山の

買収に成功しました。ここを再開発することによって大鉱脈を発見し、日本を代表する大銅山へと発展させました。

これがいまの古河機械金属の始まりであり、古河財閥を形成することになったのです。

古河市兵衛と渋沢栄一との間の信用、信頼関係が無かったら、第一国立銀行も、古河財閥もこの世に存在しなかったことになります。

お互いの信用を築くための方法は、時代によって変わるものではありません。

相手の信用を得るためには、常に自分がしてもらっているだけではダメで、自分もちゃんと相手にお返しをする必要があります。

古河市兵衛は栄一からの信用に応えるため、小野組が持っている資産を提供することによって、第一国立銀行の倒産を防ぎました。だから栄一は、古河市兵衛が独立して鉱山事業を行うにあたって必要な資金を融通したのです。

人から信用されたら、自分もその人のことを信用する。そして礼を尽くすことが、お互いの信頼関係をより強いものにするのです。

ただし、相手に対する態度には十分に注意する必要があります。

栄一は、『渋沢栄一訓言集』でこう言っています。

人に対して敬礼を欠いてはならない。されどただ形式だけの敬礼は、往々相手の感情を害し、かえって礼せざるに劣るものである。

敬礼は、相手に敬意を表して礼をすることです。

栄一は相手に対して常に敬礼を忘れてはならないと言いながらも、形式的な敬礼は却って失礼であると言っています。つまり、**心を込めることが大事**だということです。

あのときのお礼を忘れていない？

あなたの決断

渋沢栄一の教え 17

反対者に怒っても何も解決しない！

自分の熱き思いを伝える努力を続ければ、敵も味方に変わる

何人かで集まって、そこで何かしらの意思決定を行うとき、参加者全員が同じ意見ということはありません。最終的にひとつの意見に集約されることもありますが、議論を始めた当初は、バラバラの意見というのが普通です。

大事なのは、自分と異なる意見にはしっかり耳を傾けることです。

世の中に、これが正解というものはない

あなたも、プロジェクトなどを進めるとき、最初から全員一致で物事が進むことなど、まずありえないでしょう。

最悪なのは、リーダーの考えとは違う意見が出てくると、いきなり「けしからん！」という一言で話を打ち切ってしまうケースです。

こんなことが横行したら、その組織はヤバイですよね。だって、リーダーが自分と同じ意見しか聞き入れなくなったら、その組織はリーダーの顔色ばかり窺う人だらけになってしまいます。間違った方向に進んでいても、誰もそれに気が付くことなく、行き着くところまで行ってしまうことにもなりかねません。

組織を守るうえでも、反対意見を言う人の存在は大事ですし、リーダーはそういう人の意見もしっかり受け止める必要があります。

もちろん、だからといって両方の意見を聞き入れて、妥協点を模索しなければならないと言っているのではありません。妥協点ばかりを探っていると、どっちつかずの判断になってしまうリスクがあります。

大事なのは、たとえばAという意見とBという意見が真っ向からぶつかり、いずれかを選ばなければならないとき、仮にAの意見を選んだとしても、Bの意見が正しかった場合に備えてリスクヘッジをしておくことです。

特にビジネスの場では、「これが正解」という意思決定はないので、違う意見が正しい場合に備えておくことも肝心なのです。その意味でも、**自分と反対の意見に耳を塞がず、聞く耳を持つことが大事なのです。**

ただし、栄一は意思決定の際に多数決を用いることを良しとはしなかったようです。

『渋沢栄一訓言集』には、こんな言葉があります。

何事も多数決、多数決というけれども、多数の力で少数の者を圧倒するは、これほど容易のことはない。またこれほど惨酷のことはない。

多数決って、物事を決めるのに一番楽な方法だと思います。何となく民主的な感じがするし、たとえその判断が間違っていたとしても、責任の所在もうやむやにできます。

でも、このようなリーダーの言葉は、少数意見の人にとってはあまりにも残酷です。

「お前の意見が正しいのはわかる。でも、みんなが別の意見に賛成して、多数決で決まったのだから、従ってもらうしかない」

リーダーには、少数意見の声にも耳を傾け、納得できるように対話を続けて、最終的には全会一致に近いところまで持っていけるだけの、高い決断能力が求められます。

因縁の仲だった得能良介は、なぜ渋沢栄一を救ったのか

特に栄一の場合、昔から常に立場は少数意見の側だったと思います。年功序列が普通だった時代に実績主義を主張し、合本主義などという考え方が全くなかった時代に、それを導入しようと考えた人物です。だからこそ、多数決で意思決定が下されることに対して、常に危惧の念を持っていたのではないでしょうか。

こんなエピソードがあります。少し長くなりますが、とても興味深い話です。

国立第一銀行を救った得能の見解

渋沢栄一が大蔵省で大蔵少輔だったころ、出納頭だった得能良介との間で、ちょっ

としたいざこざがありました。

栄一は大蔵省の会計を西洋式簿記に切り替えたのですが、得能はそれがいたく気に入らず、昔からの大福帳に戻すことを求めました。ちなみに大福帳というのは、江戸時代、明治時代の商家で用いられていた帳簿の一種で、西洋式の複式簿記とは違い、勘定項目を分けず、取引順に取引先との取引内容を棒書きするのが普通でした。

これを栄一が西洋式の簿記に切り替えたわけですが、そのせいで得能が仕切っていた部署の現場が混乱したということで、栄一にいちゃもんをつけに来たのです。

大蔵少輔と出納頭では、役職は大蔵少輔のほうが上でしたが、得能は薩摩藩士上がりの武士ということもあり、当時まだ残っていた身分のなかでは、農家出の栄一はまだ嘗められたところがあったのかもしれません。得能は栄一に摑みかかるところまでエキサイトしたようですが、それを栄一にたしなめられ、引き下がることになりました。

しかし、それから数年後、小野組の破綻によって第一国立銀行が三井組に乗っ取られそうになったとき、栄一が再び得能とあいまみえることになりました。

そのときの得能は紙幣寮のトップでした。紙幣寮というのは、いまで言う財務省印刷局のことですが、当時は紙幣寮が銀行の監督官庁だったのです。

三井組は第一国立銀行に対して、小野組の倒産について銀行の資本を減資するのとともに、他の株主と話し合ってすべて株式を三井組が買い取り、行員をすべて三井の手代にするなど、完全な乗っ取りを提案してきました。

栄一はかつて因縁があった得能に、いかにこれからの時代に合本会社が必要であるか、そして三井組の提案がいかに時代に逆行するものであるかを手紙に書いて送り、仲裁役になってもらうようにお願いしました。

数日後、三井組の８代目当主だった三井高福と大番頭の三野村利左衛門、そして渋沢栄一の３名が得能に呼ばれて大蔵省に出頭しました。

その場で得能の見解が読み上げられましたが、そのときの裁定は因縁の仲だった栄一の意見を全面的に支持するというものでした。

この得能の見解によって、第一国立銀行は三井組の軍門に降らなくても済んだのです。

この話からわかることは、自分のことを良く思っていない相手でも、自分の意見を理解してもらうように誠心誠意、話をすれば、説得できることもあるということです。

栄一が、最初から得能に話をすることをあきらめてしまったら、三井組のいいようにされて終わったかもしれません。

大事なことは、相手を論破して潰すとか、あいつは意見が合わないヤツだから会わないでおこうとするのではなく、どれだけ苦手な相手だとしても、自分の意見をしっかり伝える努力をすることなのです。

それが相手に伝われば、過去にどのような因縁があったとしても、味方についてくれる可能性もあるのです。

意見の合わない人を避けていない？

あなたの決断

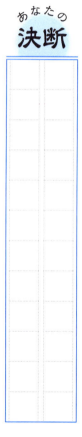

渋沢栄一の教え 18

人を選ばず、大勢の人と会え！

たとえ雑談でも、人と話すことで道は開かれる

渋沢栄一は91歳でこの世を去りましたが、晩年中の晩年のときに風邪で寝込んでいたところ、民生委員と社会事業家の代表など20名ほどが訪ねて来ました。目的は、寒さと飢えに苦しむ20万人の生活困窮者を助けるために政府が救護法を制定したものの、予算の裏付けが取れないため、身動きが取れない状態にあるので、それを何とかしてほしい、ということでした。その話を聞いた栄一は、医者や家族の心配をよそに、大蔵大臣と内務大臣に面会の約束を取って出掛けて行きました。

渋沢栄一は身分に関係なく誰とでも会って話をした

栄一のところには日々、いろいろな人が面会に来ていたようです。

栄一の四男の渋沢秀雄さんが書いた『父　渋沢栄一』によると、本当に晩年まで、栄一に会いたいと言ってきた人に対しては、分け隔てなく会っていたそうです。

しかも、会いに来た人たちの目的もさまざまで、もちろん事業に関連した意見を聞きに来た人もいれば、単なる身の上相談も少なくなかったそうです。

なぜ栄一が、ここまでして大勢の人に会おうとしていたのかについては、『青淵百話』を平易な表現にした『富と幸せを生む知恵』という本に以下の文章があります。

「ふだん私は人に会ったり、物事に接するときには精神を集中してその人と語り、そのことを処理するように心がけてきた。たとえばどんな人に会う場合でも、相手の身分などに関係なく自分の精神を打ち込んで談話し、また何かを処理する場合にも、そのことの大小にいっさい関係なく、みな同じように心を込めて処理してきた。（中略）なぜならば人に接し、物事を処理した後、心中に一点のやましさもなくよい気分でいられたら悪いはずはない。私が人と接して気分がよかったら、他の人も私と同じように気分がよいだろうから、私がよいと感じたことは、また他の人もかならずよいと感じると思う。（中略）私がそうする根本精神は何かというと、ただただ自分の徳義心、人間として守るべき本分であるという自覚からである。事柄の大小にかかわらず、人物の上下を問わず、自分の向こうに立つ人に対しては、満身の誠意を注いでこれに接している」

栄一の人に会うスタンスについては、他にもいろいろな言葉が遺されています。イオングループ創業者の岡田卓也の父親である岡田惣一郎は大学生のとき、四日市市の地場産業だった万古焼を売って旅行資金をつくり、実際に会いに行ったそうです。惣一郎は旅行記で、栄一と会ったときのことをこのように書きました。

「ついに我等が今次大旅行の最大の目的たる渋沢栄一先生との面談かなえり。その間わずか2分余りといえども、門衛の制するを払い、我等身分、経歴を唱和し、我等尊仰する産業指導者渋沢栄一先生に面談のため四日市より徒歩にて来りしを告げる。先生、一言なかりしも、我等一人一人と握手を交したり。この感激を如何に伝えん」

門衛の制するを払いということですから、おそらく全くのアポなし訪問だったのでしょう。それでも栄一は、自分に会うために四日市市からはるばる歩いてきた学生の願いに応えたわけです。このことからも、身分に関係なく誰にでも会っていたことがわかります。

一人で考えるだけでは突破口は開けない

なぜ、栄一はこうまでして人に会ったのでしょうか。

人に会うのってけっこうエネルギーを使います。それも、ただ単に会って名刺を交換する程度であれば、1日のうちに10人くらいに会ってもそんなに疲れないと思うのですが、栄一の場合、「満身の誠意を注いでこれに接している」わけですから、かなりエネルギーを消耗したのではないかと勝手に推察します。

でも、人に会うからこそ話が進むこともまたあるわけです。

何か進めなければならないことがあるのに、八方塞がりになって、アイデアも枯渇してしまい……ってこと、けっこうありますよね。

そういうとき、とにかく何か考えなければと一人部屋に閉じこもっていても、おそらく何にも浮かんできません。そういうときこそ、人に会うといいのです。

そして、**仕事の話じゃなくてもいいので、とにかくいろいろな話題を持ち出して話をしてみると、急に突破口が見えてきたりします。**

栄一は生涯において500社ほどの会社の設立、経営にかかわったわけですから、常にどこかで問題が生じていたはずです。そのとき、ひとつひとつに立ち止まり、じっと何かを考えている時間的な余裕なんて、ほとんどなかったと思うのです。

栄一が寸刻を惜しんで大勢の人に会っていたのは、走りながら考えるためだったのではないかと思います。

いまだけでなく、未来のために人脈を築け！

それに栄一は新しい会社をつくるとき、自分がそのすべての経営者になるのではなく、適材適所で自分の知り合いに経営を任せました。

これを可能にするためには、新しい人間にどんどん会っていく必要があります。いま自分が持っている人脈だけでなんとか回そうとしても、これだけ多くの会社の立ち上げにかかわっていたら、どこかで限界がきてしまうからです。

新しい人に会うなかでコレといった人物には目をつけていたのではないでしょうか。言うなれば、渋沢栄一は「人材ネットワークコネクター」のような存在だったのだと思います。

これ、いまのビジネスパーソンにも十分通用する話です。**物事がなかなか前に進まないとき、頼れる人脈があれば、問題解決の糸口を見つけることができます。**社内だけでなく社外にも広くネットワークを持っていれば、百人力です。

今月は、何人と会う予定？

あなたの決断

渋沢栄一の教え 19

成功するほどに謙虚さを忘れるな！

あなたの実力と仲間の協力との掛け算が成功を導く

「実るほど頭を垂れる稲穂かな」という諺をご存じですか。

まだ実を付ける前の稲は青々として真っすぐ上に向かって伸びていきますが、成長して実をつけると、その重みで実の部分が垂れ下がってきます。これを人間の成長に喩えたのが、この諺です。

自分一人の力で成功できると思うな！

若いうちはひたすら真っすぐ上を向いて成長し、その間、さまざまな経験を積んでいく中で立派な人格を形成した人ほど、謙虚になっていくということです。

でも、実がスカスカだったら、いつまで経っても頭を垂れることなく、ふんぞり返っているだけの人間になります。

謙虚の対義語は「横柄」ですから、何も学ぶことなく年だけ食っていくと、横柄な老人になってしまうわけです。ときどき街を歩いていると「暴走老人」に出くわしますが、まさにその典型的なケースといってもいいでしょう。

さて、「謙虚な人」とはどういう人なのでしょうか。

慎み深く、自分の能力や地位をひけらかすことなく、相手のことを見下さず、そして相手の言うことにしっかり耳を傾ける人というのが、謙虚な人のおおまかなイメージだと思います。別な見方をすると、自分の周りの人に対する気配りができる人、とも言えるかもしれません。

逆に横柄な人は、常に自分がすべてです。周囲の人のことなんて一切気にかけません。自分がすること、自分が言うことを周りの人が受け入れないと、途端に機嫌を損ねます。

もちろん、「俺が、私が」という思いが強い人は、人をかき分けて競争するのは得意ですから、ある程度のところまで到達することはできます。

ただ、問題はその先で、本当の成功を収めるところまではたどり着かないケースが多いのです。なぜなら、人をかき分けて競争をするなかで、他の人から恨みを買っているので、ほんの僅かな隙を見せた途端、そこを突かれて引き摺り下ろされてしまうからです。

本物の成功を収めるためには、自分の実力もさることながら、周囲の人たちの協力が必要になります。

だから、謙虚な人であることが、特にリーダーには重要になってくるのです。

栗山英樹監督が『論語と算盤』を愛読する理由

プロ野球球団の北海道日本ハムファイターズで監督を務めている栗山英樹さんは、実は『論語と算盤』の愛読者です。初対面で感銘を受けたことは監督の謙虚な姿勢でした。自分がイメージしていたプロ野球の監督と、良い意味で、全く異なりました。

栗山監督が監督に就任した2年目の2013年シーズン、日本ハムは12年ぶりに最下位に転落しました。チームが最下位になって、果たして自分はプロ野球選手の指導者として適任なのかどうかで悩んだとき、『論語と算盤』を読んでいたそうです。

なぜ渋沢栄一の考え方を好むようになったのかという質問に対して、栗山監督は「ベースポールチャンネル」というサイトでこう答えています。

「人のために尽くすこととお金を稼ぐことって、一見対極にありそうじゃないですか。ただ野球選手は人間として成長しなきゃ、絶対に選手としても成長できないと前々から感じていて、（他人の富のために自分の持てる力の全てを尽くした渋沢栄一のように）経営でもそれが両立出来るなら、スポーツも絶対そうなのではないかと思わせられたのがきっかけです」

「渋沢栄一は私心がないことが原動力ですよね。監督も選手のため、選手の家族のため、スタッフのためという存在です。私はそんなに大きな存在じゃないですけど、これまで世の中を変えて来た人の大きな共通点はやっぱり〝自分のためにやっていない〟ことですよね。渋沢栄一のように自分の私欲だけで動かない、人のために尽くして多くのことをやり遂げたという、我々が進むべき道を歩んでくれた人生の先輩がいたというのは、僕にとっては非常に大きな影響を与えてくれたし、こういう野球観がいいなと思わせてくれる考えに出会えたというのは大きかったです」

横柄な人というのは、私利私欲のことしか考えていません。つまり、**栗山監督は『論語と算盤』を通じて、謙虚な人間になることの大切さをチームの選手にも伝えようとした**のだと思います。

栗山監督は若手選手の全員に、2年目に入るタイミングで『論語と算盤』を読むように渡しているのです。その中の一人が大谷翔平選手です。私はある機会があって、大谷選手が日本ハムに入団した後に書いた目標設定シート（マンダラート）を見たことがあるのですが、「『論語と算盤』を読む」と記入されていて、とても驚いたことがあります。

実際その後、大谷選手は、監督に「ちょっと難しいですねエ」と『論語と算盤』を棚に放りっぱなしにすることなく、読んでくれたようです。多くのことをやり遂げる大リーグ選手としてさらなる活躍への期待が高まります！

言葉は諸刃の剣であることを忘れるな！

成功した人は、傍から見ると「何かずる賢いことをしたから、あの人はあんなにお金持ちになったんだよ」と思われがちです。特に日本においては、その傾向が顕著です。

だからこそ、**地位と名誉を持つ立場になったら、いままで以上に慎み深い態度で人と接**

しないと、嫉妬に駆られた人たちから攻撃を受けて、自分の足を引っ張られることにもなりかねません。

渋沢栄一は『青淵百話』で「口は禍福の門なり」と指摘しています。

言葉は禍福ともに引き起こす入り口のようなものだ。ほんのちょっとした言葉であっても、軽率に口にしてはならない。

「口は災いのもと」という諺がありますが、まさにそのことを言っています。

もちろん、**言葉に出すことで良い効果をもたらすこともありますが、同時に言葉がもとで災いを引き起こす恐れもあります。**つい調子に乗って言ってしまった言葉で相手が怒り出してしまったという経験を持っている方もいらっしゃると思います。

そうならないようにするためには、とにかく謙虚であることを心掛けるのが一番なのです。政治家が、パーティーの席上で調子に乗ってしゃべった言葉でメディアに揚げ足を取られて、辞職にまで追い込まれるケースがけっこうあります。

地位や名誉のある人ほど、これには注意する必要があります。

ただ栄一は、次のようにも指摘します。

禍《わざわ》いの方ばかり見ては消極的になりすぎる。

つまり、立場を問わず、忖度にすることなく、言うべきときには、きちんと言うべきであるという心得です。

ありのままの自分を映す鏡を持っている？

あなたの決断

第4章

運を自ら引き寄せているか

転職するための面接を受けたが…
は〜あ
やっぱりダメだったか…
いまになって思う
僕には運がない
高校のときは県大会の決勝で僕がＰＫ外して負けたし
うそ
希望の業界にも就職できなかった
え〜
採用
不採用

いまの会社に入ったとき30歳までに転職するって決めて
努力してきた　たぶん
自信はないけど…
ピロン
ユミコ（彼女）
ユミコ？
結婚することになりました♡

渋沢栄一の教え 20

運も不運も自らの行動の結果である

天命とは違い、運命は自分の力で変えられる

人間は4つの「命」を持って生まれてくると言います。「天命」「宿命」「使命」「運命」がそれです。簡単に触れておきましょう。

4つの「命」

天命：天が与える命なので普通は人間の視点では見えません。孔子が「五十にして天命を知る」と言ったように、経験を積むことで見えてくる可能性がある命です。

宿命：これは絶対に変えられない命です。たとえば自分の誕生日や生まれた場所、あるいは先祖から受け継いだ遺伝子などです。

使命：その時々で自分がやるべきことです。学生なら勉学に励むこと、社会人なら会社の発展に寄与する、自分の家族を守るというようなことです。

運命：意思や想いを超えて幸福と不幸を与えるものです。「命を運ぶ」と書くように、天命とは異なり、自分のやり方次第で大きく変えられるものです。

運の良い人と会うと、あなたの運も良くなる

ここでのテーマ「運が良い、運が悪い」というのは、「運命」の話です。

天命と運命をごっちゃにしている人もいると思うのですが、天命は「天が与えた命」なので変えることはできません。でも、**運命は自分のやり方次第、努力次第で変えられます。**

運が良い人は、ちゃんと運が良くなるような行動をしていますし、運の悪い人は、やはり運から見放される行動を知らないうちに取っているのです。

これについて栄一は『論語と算盤』の中でこう言っています。

世人は、一も二もなく彼を順境の人と思うであろうが、実は順境でも逆境でもなく、その人自らの力でそういう境遇を作り出したに過ぎない。

多くの人は、地位や富を手に入れた人を「恵まれた順境の人」と、一方で非常に厳しい状況に陥って坂道を転がり落ちてしまった人を「逆境の人」と言います。

でも、**実際には順境も逆境も無くて、すべてはその人自らの行動や考え方次第で、順境を招き入れるのか、それとも逆境に直面するのかが決まってくる**というわけです。

つまり、自分の運命は自分次第だということですね。やはり会社を500社ほども育てただけあって、この点は実にリアリストなんだなと思います。

そうなると、次に知りたいのは、どうすれば順境を招き入れることができるのか、ですよね。栄一の日々の行動を見習い、私自身が思うところを簡単にお話しします。

まず、いろいろな人に会うことです。いろいろな人に会うことは、信頼関係を築いていくのと同時に、自分の運気を高めることにもつながっていきます。

やっぱり、良い運を持ってきてくれる人って、いるものなんですよ。逆に、悪い運を持ってくる人もいます。ですから、**本当に大事なのは、良い運を持ってきてくれる人をちゃんと見分けることです。**それができれば、自ずと自分の運も高まるはずです。

ただし、そもそも良い運を持ってきてくれる人を選べるのかという問題があります。失敗して、悪い運を招いてしまうこともある。でも、そういうときこそ、自分が見えない天命が働いていると思い、仕切り直すことが大切です。つまり、大勢の人に会って修業するしかないのでしょう。若いうちからいろいろな人と会っていけば、徐々に素養が身に付くと思います。

夢を実現させたければ、自ら箸を取れ！

もうひとつ、栄一の言葉にヒントがあります。『論語と算盤』の「自ら箸を取れ」という項目にある言葉です。

かくお膳立てをして待っているのだがこれを食べるか否かは箸を取る人のいかんにあるので、御馳走の献立をした上に、それを養ってやるほど先輩や世の中というものは暇でない、かの木下藤吉郎は匹夫から起って、関白という大きな御馳走を食べた、けれど彼は信長に養って貰ったのではない、自分で箸をとって食べたのである。

献立は揃っているので、それを食べるかどうかは自分次第ということです。

木下藤吉郎、つまり後の豊臣秀吉は、織田信長の草履取りから身を起こして、最後は関白にまでなりました。それは、秀吉が関白になるための方法を自分で考え、工夫し、行動を起こした結果であって、最初から「自分は関白になどなれない」とあきらめていたら、足軽のままで生涯を終えていたかもしれません。

そうなると、思い込みってけっこう大事なのではないかと思えてきますね。

思い込みといってもネガティブなものではなく、栄一のように「この事業を必ず成功させる」といった類の、ある意味ポジティブな思い込みのことです。

その思いの強さだけ、自分がなりたいものになれる、実現させたいことを実現させる可能性が高まるのではないでしょうか。

イチロー選手が小学校6年生のときに書いた「僕の夢」という作文には、はっきりと「ぼくの夢は、一流のプロ野球選手になることです」と書かれています。「けいやく金は、1億円以上が目標です」とまで、具体的な話が書かれています。

そして、実際にプロ野球選手となり、日本国内で大活躍したのはもちろんですが、米国に渡ってメジャーリーガーとしても活躍するという、素晴らしい選手になりました。

ただ、栄一は『渋沢栄一訓言集』でこんな戒めの言葉も遺しています。

> **世に成功熱に浮かされ、野猪的に進む者も多いが、その多くが失敗に終わるは、身のほどを知らぬからである。**

自分にとって分不相応なことを夢想して突っ走っても、それは失敗に終わります。**身のほどをわきまえることが大事**だということです。

いま逃げていることはない？

あなたの
決断

渋沢栄一の教え
21

自分を信じて機が熟すのを待て！

世の中には、
思い通りに進まないことがたくさんある

渋沢栄一は、その生涯で500社ほどの会社を立ち上げました。ただし、その一方で挫折したプロジェクトもけっこうありました。

記録が残っていない案件もあるでしょうから、どの程度の成功確率だったのかはわかりません。設立に携わったすべての事業が実際に設立まで至ったとはとても思えませんし、設立には漕ぎ着けたものの、経営にものすごく苦労したケースも多々ありました。

渋沢栄一が耐え続けた農業会社の経営

たとえば、北海道を開拓する目的で設立した「十勝開墾合資会社」は、設立したものの、なかなか軌道に乗らず苦労した一例といってもいいでしょう。

もともと栄一が農家の出だったということもあると思うのですが、日本の人口増加に伴って安定した食糧供給の必要性を強く認識していたことに加え、地方経済を振興させる目的で農業のような第一次産業を活性化させようと考えていたようです。

そこで1898年に、アメリカの農法を参考にした農業会社「十勝開墾合資会社」を設立しました。

十勝開墾合資会社の苦労

当時、北海道の開拓は大半が官業で行われていましたが、これがなかなかうまく進展しなかったため、渋沢栄一は民間主導の事業展開を検討しました。そして、栄一をはじめとする出資者から100万円の資本金を集め、政府から3500万坪という広大な土地を貸し下げてもらい、現在の清水町熊牛原野の開墾をスタートさせました。

ちなみに、当時の100万円は、いまでいうと10億円くらいの価値になります。

でも、経営は非常に苦労しました。当初はビーツを生産するつもりでしたが、天候の問題でなかなかうまくいかず、それ以外にも交通やロジスティックスの問題が重なって、なかなか事業は軌道に乗りませんでした。

出資者がどんどん抜けてしまい、事業を続けられるかどうかの瀬戸際まで追い込まれましたが、１９０７年に鉄道が通ったことによって機運が好転しました。交通やロジスティックスの問題が、鉄道によって一気に解消へと向かったのです。

最終的にこの事業は、１９１５年に初めての配当を出すことができ、１９２４年に事業を明治製糖株式会社に譲渡してエグジットできたのですが、事業をスタートさせて26年という長期にわたる投資になりました。

事業でも何でもそうですが、はじめからずっと順風満帆に物事が進むことは、絶対にありません。必ず難局にぶつかります。**その難局をどう凌いでいくかが重要なのですが、栄一は我慢強く機が熟すのを待ちました。**

『渋沢栄一訓言集』に、こんな言葉があります。

よく事を通じて、勤勉であっても、目的通りに事の運ばぬ場合がある。これはその機のいまだ熟せず、その時のいまだ到らぬのであるから、ますます勇気を鼓して忍耐しなければならない。

正直、栄一自身も十勝開墾合資会社が成功するかどうか、わからないところはあったと思います。それでも栄一は、いまはまだ機が熟していないだけだから、「勇気を鼓して忍耐しなければならない」と考え、出資を引き揚げることなく、経営に携わり続けました。

続ける勇気と止める勇気の境界線

ただ、勇気を持って、腹を据えて物事を続けることは大事だけれども、逆に、**「止める勇気」を持つことも大事**だと、私は思います。

栄一が血気盛んだったころ、高崎城を乗っ取ろうと計画したことは前にも言いました。何が何でも挙兵すると考えていた栄一に対して、京都で起こった十津川浪士による政変を見てきた友人の尾高長七郎は、挙兵直前になって、挙兵そのものに反対したのです。

それこそ栄一は、「自分たちが血祭に上げられたとしても、それを見た全国の同志が自分たちの屍を乗り越えて幕府と戦うはずだ。我々は倒幕のための捨て石になればいい」とまで言うほど、挙兵にノリノリだったわけですが、長七郎は栄一に「もっと現実を見ろ」と言って、二人の間で激論が交わされました。

結局、栄一は挙兵中止を決断したのですが、よく決断できたなと思います。

日本人によくあるケースだと思うのですが、一度言い出したこと、一度始めたことを途中で止めることに対して、強い拒否反応を示す傾向が顕著です。

会社でも、不採算ビジネスなのになぜか続けていることがあります。太平洋戦争だって、止め時を見誤ったからこそ、4年にもわたって消耗戦を続けることになりました。

では、続ける勇気と止める勇気の境界線はどこにあるのでしょうか。

十勝開墾合資会社は最終的に明治製糖株式会社に事業を譲渡することによって、栄一をはじめとする出資者はエグジットできたわけですが、ひょっとしたら一向に事業は良くならず、そのまま資金繰りが悪化して倒産になったかもしれないのです。

そのリスクは当然、栄一の頭の中にも常にあったと思うのですが、それでも手を引かずに事業を続行したのは、どういう判断によるものだったのでしょうか。

まず、「見えない未来を信じる力」を発揮したのだと思います。目前の事情だけにとらわれると視野が狭まる可能性があります。時に遠いところから、現在、自分が置かれている状況を見るメタ認知も活用したのでしょう。

また、失敗したときに陥る状況の把握です。失敗したときに、自分の生活が維持できない状況に陥るリスクがあるのであれば、それは、素早く仕切り直ししたほうがいいでしょう。一方、失敗の影響が傷を舐めれば治る程度であるのであれば、状況が好転する可能性を追求すればいいでしょう。

そして、栄一にとって、好転の基準は私利ではなく、十勝の荒地の開墾です。産物を生産する地域社会にも消費する日本社会にとっても、大きなメリットがあると感じていたのでしょう。このような考えが働いたと思います。

それ、まだ機が熟していないだけかも？

あなたの決断

渋沢栄一の教え 22

有言実行!
できないことは口にするな!

きっとできると思わせる言葉が、人の心を動かす

あなたは、これまで何度か触れた渋沢栄一のこの言葉を覚えていますか?

自分からこうしたい、ああしたいと奮闘さえすれば、大概はその意のごとくになるものである。しかるに多くの人は自ら幸福なる運命を招こうとはせず、かえって手前の方からほとんど故意にねじけた人となって逆境を招くようなことをしてしまう。

いささかポジティブに過ぎるような気はしますが、こうしたい、ああしたいということがあって、その実現に向けて奮闘を続けていれば、大概の夢は叶うと思うのです。

問題は、その夢をどれだけ強く持つことができ、かつ困難に直面してもあきらめずに奮

闘を続けられるかということだと思います。

自分の夢を仲間に熱く語って、退路を断て！

さて、あなたは、こういうことをしたい、こういうところに行きたい、こうなりたい、ということがあるとき、それを誰かに話しますか？

こんな理由で、話さないという人がけっこう多いのではないでしょうか。

散々、周りの人に吹聴しておいて実現できなかったらかっこ悪い。

あれだけ大口叩いて何もできなかったのかと言われたら、立つ瀬がなくなる。

確かにできなかったときに恥をかくかもしれないですが、**「こうしたい、ああしたい」に関してはどんどん周りに言ったほうがいいと思います。**

栄一は「不言実行と共に、また有言実行も大いによろしい」と言っており、不言実行と有言実行の両方とも大いにいいこととしていますが、**人を集めて何かを実現させようというときは、やはり有言実行のほうが適している**と思います。

自分の夢を熱く語ることによって、中にはあなたの考え方に共感し、協力を申し出てくれる人が出てくるはずです。ひょっとしたら自分の夢や目標を実現するのに必要な人脈を紹介してくれる人が現れるかもしれません。

また、メンバー一人一人とのコミュニケーションが取れますし、協力者を得ることも容易くなります。ビジネスを円滑に回していくためには、とりもなおさず自分は何をやりたいのかを、自分の言葉で表明する必要があるのです。決意表明みたいなものですね。

思うに、不言実行で良しとされることというのは、案外小さなことに限られるのかもしれません。たとえば、呑み会の幹事を引き受けて企画するとか、オフィスの観葉植物に水をやるとかなどは、「私はこういうことをするつもりだ」などと声高に言わずに、スマートに行動したほうが、周りの人も「さすが！」となるのだと思います。

徳川慶喜の心を動かした渋沢栄一の決意

栄一が高崎城の乗っ取りを断念した後、幕府から謀反を起こす恐れのある人物ということで目を付けられたとき、平岡円四郎を頼って一橋慶喜公の家来になったことは前にも言いましたが、このときのエピソードに、栄一らしいなと思うことがひとつあります。

一橋家に仕官するときの決意表明

平岡円四郎から「慶喜公の家来にならないか」と提案されたとき、渋沢栄一は捕まるかどうかの瀬戸際でした。普通なら「はい。もう喜んで」と言って引き受けるところですが、栄一は変わり者なので、「それはありがたく思いますが、最初に所見を」などと言ったのです。そして、慶喜公に直接謁見したとき、徳川幕府がいま、どのような問題を抱えていて、一橋家としてはどのような対応を取るべきかについて、とうとうと意見を述べたのです。

そのとき、栄一が慶喜公に提案したのは、幕府から遠く離れて独自の道を進むために、天下の志士を集め、それによって幕府が一橋家に嫌疑の目を向けてきたならば、兵力に訴えて戦うのも仕方ないということでした。一橋家に士官するにあたって、まずは自分だったらこう思うし、こうするという意見を表明したわけです。

きっと慶喜公も、進言してくる栄一を見て「こいつはけっこう面白そうなヤツだ」と思ったのではないでしょうか。

栄一の進言に対して、慶喜公は質問もしなければ、意見もしなかったそうですが、この一件があった後、栄一は喜作とともに一橋家の家臣に迎えられました。

そして実際に、栄一は慶喜公に進言したように、関東へと出向いたときに50名ほどの志士を集めることに成功したそうです。まさに有言実行だったわけです。

身の丈以上のことを言ってはいけない

ただ有言実行には、ひとつだけ注意することがあります。それは、**大言壮語をしてはいけない**ということです。大言壮語とは、自分の実力以上に大きな事を言うことです。

実際、栄一は関東に出て志士を集めるとき、ちゃんとその当てがあったのです。栄一が親しかった千葉道場や海保塾の旧同士を引き連れて、その当時、慶喜公がいた京都に戻るつもりだったのです。意外と計算高かったのですね。

実際にはタイミング悪く、千葉道場や海保塾の人たちはみな、水戸で起こった騒動に駆け付けてしまったので、京都に連れていくことはできなかったようですが、それでも関東近辺の一橋領を巡回して募集活動を行い、最終的には50名ほどの志士を連れていくことはできたようです。

つまり、**自分ならここまではできるだろうということをしっかり把握し、自分の身の丈に合ったところで言葉を発したということです。**

有言実行で評価を得るためには、この見極めがとても大事です。自分に大した実力もないのに、あるいは自分の実力以上の話をしてしまうと、実行が伴わない結果になります。有言不実行ほど人からの信頼を失う行為はないので、十分に注意しましょう。

明日、誰に会って、何を言う？

あなたの決断

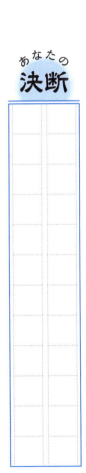

渋沢栄一の教え
23

自分だけでなく仲間の失敗も責任をとれ！

自責思考の人ほど、何事も最後にうまくいく

運の総量は、人によって決まるものではないと思います。運は、貯まっているものをつかむのではなく、流れているものをつかむものだと思います。つまり、運のいい人と悪い人の差は、流れている運をキャッチできるかどうかだと思うのです。

つまらないことに運を使うな！

ただ、**運を多くキャッチできる人も、少ない人も、誰にでも共通することがあります。それは、つまらないことに運を使わないように注意することです。**つまらないことに運を使ってしまうと、次の運を招く流れが悪くなってしまうからです。

実際、日本電産の永守重信会長やファーストリテイリングの柳井正会長、ソフトバンク

グループの孫正義会長といった名だたる経営者はみな、つまらないことで運を使うことをしないから、次々と運が流れてきてビジネスで成功しているのではないでしょうか。

『渋沢栄一訓言集』の言葉です。

東洋、特に日本では、陰徳をもって行いの上なるものとし、自分の責任はもちろん、他人の責任までも、これを負うをもって、武士道の粋としている。

陰徳というのは、「人に知られないように密かに行う善い行い」のことです。それを人の行いのなかで最上のものと考えるのは、確かに日本人らしいかもしれません。

それに加えて武士道の粋として、自分の責任だけでなく他人の責任も負うことの正しさを説いているわけですが、これは、まさに運の流れを良くする合理的な考え方だと思います。

自分の責任だけでなく他人の責任も負うことの逆は、「他人の責任はもちろん、自分の責任まで他人に押し付ける」ということになります。

いますよね、そういうとんでもない上司。あるいは同僚や部下でもそうですが、とにかく自責の気持ちが全くなくて、万事において常に他責的な人はいます。

他責的な人は、これはもう「絶対」といってもいいくらい、成功しません。なぜなら、他責思考の人は、何事に対しても当事者意識を持てないからです。

仕事がうまくいかないのは景気が悪いから。上司の判断が悪いから。会社の組織が悪いから。客がバカだから……。何でも人のせいにしている人が成長するわけがありません。

ビジネスの世界で成長するためには、自責思考を持つことが大切なのです。

ただ、自責思考といっても「自分はダメな人間なんだ。学歴がないからダメなんだ」というように、自己否定的になるのはまたそれはそれで問題です。このタイプの人はほぼ間違いなく病んでしまいます。

正しい自責思考とは、まずは自分の責任として受け止めたうえで、何が問題だったのかを客観的に考えられることです。

もちろん自分が部下に対して出した指示のやり方に問題があったのかもしれませんし、そもそも人選ミスだったのかもしれません。

いろいろな角度から考えてやり方に問題がなかったのだとしたら、そこで初めて会社の意思決定プロセスに問題はなかったのかなど、他の問題点に目を向けていきます。

そしてもうひとつの理由は、運にかかわってくる部分です。

他責思考の人は、自分の失敗も他人のせいにしようとします。それによって、自分の失敗を咎められることなく無罪放免になることもあるでしょう。本人としては「してやったり」と、裏でほくそ笑んでいるのかもしれませんが、そんなつまらないことで自分の運を使ってどうするのですか！

自分の責任を他人に擦《なす》り付けて、目先の不利な状況を逃れるというつまらない行動を取る裏側で、責任を擦り付けられた人はあなたに対して絶対に恨みを持つようになります。その恨みはどこかで必ず晴らされます。

そのときのダメージは、最初に責任を引き受けなかったときとは比べものにならないくらい大きなものになります。

また、つまらないことに運を使っているうちに自分の運の流れが悪くなり、そこから先、挽回しようにも運がなくなっているのでそれも叶わないということになりかねません。

ということで、他責思考の人は何事にも成功しないのです。

成功や失敗は、生涯における泡沫

社会人生活は、本当に長いものです。小学校は6年間、中学校と高校が3年間、大学が4年間ですが、22歳で会社に入り60歳まで働くとしたら、社会人生活は38年間もあるのです。仮に65歳まで雇用延長で働くとしたら、なんと43年間も働くことになります。ましてや会社を辞めて起業したら、死ぬまで働き続けることになります。だとしたら、目先の失敗にはそれほどこだわる必要はありません。

栄一は成功と失敗について、『論語と算盤』にこんな言葉を遺しています。

一時の成敗は長い人生、価値の多い生涯における泡沫のごときものである。

成功や失敗は、生涯における泡沫とまで言っています。泡沫の意味は、「はかなく消えやすいもの」です。栄一に言わせれば、成功や失敗などというものは、心を込めて努力し

た人の身体に残るカスと同じということなのです。

だからこそ、1回1回の小さな成功、失敗などにこだわる必要はどこにもなくて、大事なのは「心を込めて努力をしているかどうか」という点に尽きるのだと思います。

そして、心を込めて努力を続けていれば、どこかで運命が開くはずなのです。

明日、仲間がミスを犯したらどうする？

あなたの
決断

渋沢栄一の教え 24

お金よりも信用を有効に活用しろ！

私心を捨てて信じれば、厚い信頼関係が芽生える

渋沢栄一の言葉には「信用」に関するものが多くあります。

信用は実に資本であって商売繁盛の根底である。

この言葉も、栄一の名言としてよく取り上げられます。

限りある資産を頼りにするよりも、限りない資本を活用する心掛けが肝要である。限りない資本を活用する資格とは何であるか。それは信用である。

他にもたくさんありますが、それぞれの言葉をざっと見ていくと、ビジネスをするうえ

で信用がどのような意味を持っているのかが、何となくわかると思います。

「事業をするうえで信用は、商売繁盛の基になるものであり、その価値は無限の資本にも匹敵する。それだけビジネスを行ううえで大切なものであるのと同時に、真に信用のおける人なら資本も容易に集めることができる」

私はこのように理解しています。

憎むべき藤山雷太を抜擢した、渋沢栄一の英断

さて、問題はどうすれば相手に信用してもらえるのか、ということだと思います。これに関しては、栄一が経営に携わっていた王子製紙のエピソードがあります。

王子製紙

渋沢栄一は、1873年に抄紙会社を創り、大蔵省を辞めてから本格的に経営に携わるようになりました。これがいまの王子製紙のはじまりです。

栄一は創業時の資本金の10％を出資した創業者でしたが、同じく創業時に45％を占める大株主であった三井組が１８９６年に資本力に物を言わせ経営権を支配下に置くために、重鎮だった中上川彦次郎が三井銀行から藤山雷太という人物を、王子製紙の専務として送り込みました。そして藤山雷太は栄一に対して、王子製紙の経営から手を引くように要求したのです。

王子製紙は栄一が生みの親であり、育ての親でもあります。でも、栄一は、新しい時代には新しい若手経営者への世代交代が必要と考えたのでしょう。藤山雷太の要求を呑んで、１８９８年に王子製紙の経営からあっさりと身を引きました。

栄一の息子の渋沢秀雄さんが書いた『父　渋沢栄一』によると、栄一にとって重要な関心事は事業それ自体の発展であって、「王子製紙に大資本を投下した三井が自ら最良の経営を望み、その結果として栄一が経営から手を引くことを望んでいるならば、それはそれでいい。誰の勢力下に置かれたとしても、製紙事業が発展すれば会社を設立した本旨は達成される」というのが、栄一の考え方だったそうです。

この話には後日談があります。

大日本製糖

1906年、東京の日本精製糖が、大阪の日本精糖と合併して大日本製糖という会社になったとき、その合併を画策した人たちが、栄一に相談役をお願いしてきました。

ところが、この会社が「伏魔殿」と言われるほど内部がひどい状況で、明治政府が考えていた砂糖に対する消費税引き上げに反対するため代議士の買収に手を染めたり、不正会計が行われていたりしたのです。

それに気づいた栄一は、大日本製糖の経営立て直しに奔走します。そして大日本製糖の社長を、王子製紙の経営から自分を追い出した藤山雷太に依頼したのです。

本当なら、栄一にとって藤山雷太は、自分のことを王子製紙から追い出した憎むべき相手のはずですが、そこが栄一のスケールの大きさなのでしょう。混乱極まりない状況に陥った大日本製糖を立て直せるのは、藤山雷太しかいないと考えていたようです。

きっと栄一は、王子製紙における藤山雷太とのやりとりのなかで、「この男は闘争心があるから、乱世に強いはずだ」と思ったのではないでしょうか。

そのとき、藤山雷太が何を考えて社長になることを決断したのかについては、その息子である藤山愛一郎が著書のなかで、「永年恩顧を蒙った渋沢男爵の御推薦であり、それによって日本の経済界がいかに動揺するかを考えるならば、自分はいま一身の利害を顧みる暇もなく、この仕事に従事しなければならない」と記しています。

要するに、**人から信用を得るためには、相手を信用しなければならない**ということです。栄一は、自分のことを経営から追い出した藤山雷太のことを信用して、大日本製糖の社長に推薦しました。藤山雷太は、自分が追い出したにもかかわらず、自分を信頼して社長に推薦してくれた栄一に対して、期待に応えなければという気持ちとともに、厚い信頼感が芽生えたのだと思います。

正しい知識があれば、子供でも大人の信頼を得られる

実はもうひとつ、相手から信頼を得るために必要なことがあります。それはちゃんと勉

強をして、**然るべき知識を身に付けておくこと**です。

これは、栄一が14歳のときのエピソードです。

藍玉

栄一の生家は農家で、藍玉をつくっていました。栄一が14歳のとき、その藍玉をつくる原材料である藍葉を仕入れに行ったのですが、藍葉を売る人たちはたかだか14歳の小僧が来たものだから、バカにしました。

そこで栄一は、父親が藍葉を仕入れるときに言っていたことを思い出して、「この葉は乾燥が不十分だ。これは肥料が悪い。魚肥を使わなかったね。お前の藍は下葉が枯《あが》っているじゃないか。これはまた茎の切り方がまずい」とまくし立てたのです。

受け売りの知識を、さも知っているかのように話すという意味では、よくもまあ14歳の子供が、と思うところもないではありません。栄一は子供のころから、かなり図太くできていたことが、この件からも窺われますが、藍葉を売っている人からすれば、おそらく栄一のことを、「14歳なのに面白い子供が来た。こいつは侮れない」と思ったに違いありません。

それと同時に、「これだけの知識を持っているヤツなら、俺たちが苦労してつくった藍葉を託すのに相応しい人物であるに違いない」と、栄一のことを信用したと思うのです。

14歳の渋沢栄一のエピソードが示すように、父親からの受け売りであったとしても、確かな知識があれば、相手から信用を得ることができるのです。

昔のいざこざなんて忘れちゃえ！

あなたの
決断

渋沢栄一の教え 25

正しいか、正しくないか、常に問いかけろ！

情報の波に溺れず、人の意見に流されず、自分の頭で考えることが大事

あなたは、渋沢栄一の言葉をどう解釈しますか。

ただ悪いことをせぬというのみにては、世にありて、何も効能がない。

「悪いことはしないというだけでは、何の役にも立たない」というように読めると思いますが、違います。

ちょっと不謹慎な人は、「ちょっとくらい悪いことをしたほうが世の中のためになる」などと勝手に解釈してしまいそうですが、これも違います。

正しい解釈は、「志が悪くても、結果としてそれが人の役に立てばいい」ということから、**「いくら志が高くても、人の役に立たなければ何の意味もない」**です。

ブラック企業に投資したいと思うか？

ビジネスの例で説明してみましょう。

たとえばここ数年、ビジネス界では「コンプライアンス」という言葉が方々から聞こえてきます。「法令遵守」と訳されますが、要は企業がルールや社会的な規範を守って行動することを指しています。

これ、決して悪いことを言っているわけではありません。

企業が存続していくためには、社会的規範を遵守する必要があります。

ものすごく業績の良い会社があったとしましょう。投資家の立場としては、業績の良い会社に投資したいと考えます。業績が良ければ株価は上昇しますし、配当もたくさん受け取れますから、当然のことです。

でも、**どのように好業績を維持しているのかを、しっかり見る必要があります。**

確かに業績は素晴らしくても、その会社がブラック企業だったらどうでしょうか。従業員に長時間残業を強いて、しかも残業代を払わずに低賃金労働だったら。さらに下請け会社に対しても無理難題を押し付けて、非常に安い価格で仕事を出しているような会社だったとしたら。それでも投資しようと考えるでしょうか。考えませんよね。**コンプライアンスを無視して業績を上げているような会社は、長続きしません。**社会的な制裁を加えられることも考えられます。過去、実際にコンプライアンス無視を指摘され、ダメになっていった有名企業はたくさんありました。

ルールを守ることにも問題はある

ただし、**コンプライアンスを目的化すると、会社はダメになります。**

第１の問題は、表面上、ルールは守っているけれども、モラルから大きくかけ離れた行動を取ってしまうケースです。

「ルールさえ守れば何をやってもいいだろう」という勝手な解釈によって、法律の裏をかいて悪事を働くなんてのは、まさにこの好例といってもいいでしょう。

こんなことを平気でするような社員ばかりの会社は、間違いなくダメになっていきます。

第２の問題は、ルールや規則でがんじがらめになり、組織が停滞してしまうケースです。

言うまでもありませんが、ルールや規則が増えれば増えるほど、手続きが増えていきます。手続きが複雑になれば、ひとつの決定を下すのに時間がかかり、スピーディーな組織運営ができなくなります。これは官僚組織を見れば何となくわかるでしょう。

つまり、**悪いことをしないというコンプライアンス重視が目的化すると、それに行動が縛られてしまい、世の中のためになることなのに、できなくなる恐れがあります。**

大事なのは、ルールを厳守することではありません。

このように言うと誤解を招きかねませんが、**大事なのは、世の中のために正しいことは何かを見極めることだと思うのです。**

栄一の時代は、日本が欧米列強から虎視眈々と植民地にすべく狙われていた時代ですから、国家のために正しいことは何かという意識は、非常に強かったと思います。

高崎城の乗っ取り計画は、言うなればテロ行為ですから、社会規範から逸脱した行為といってもいいでしょう。

でも、それをやらなければ日本は目が覚めず、このまま欧米列強の植民地にされる恐れがあるとなったら、たとえ社会規範に反する行為であったとしても、それに命を賭けるべきだと栄一は考えました。

だからこそ、「ただ悪いことをせぬというのみにては、世にありて、何も効能がない」と言ったのだと思います。

自分の頭で考えないと、情報弱者になる

もうひとつ大事なことがあります。それは、**自分の頭でしっかり考えることです。**

ルールや規則で固められてしまうと、人間は何も考えなくなります。ルールや規則を守ってさえいれば、自分の立場が安全だからです。

よく「事なかれ主義」という言葉がありますが、まさにそれです。

そんな立場にずっと自分の身を置いていたら、本当に何も考えなくなり、状況が大きく変化したとき、臨機応変の対応がとれなくなります。

自分の頭で何も考えなくなると、いまの言葉でいう「情報弱者」になる恐れがあります。情報弱者になると、世間のデマや間違った情報に翻弄される恐れがあります。

これではビジネスの第一線で生き残っていくことはできませんし、一生、運も開けない

でしょう。

ところであなたは、ツイッターやフェイスブックなどのSNSを活用していますか。SNSは便利な情報ツールです。リツイートやフォローによって、全世界に拡散していきます。ただし、その情報の中には、デマや捏造、間違った情報も多分に含まれています。

SNSは、もともと親しい個人同士がつながって、仲間内で世間話に近いことをつぶやくためのツールでしたから、情報の正確性は必要ありませんでした。

ところが最近は、1人でも多くの人からフォローされたいと考えて、意図的に仲間以外の人とも積極的につながろうとしている人が相当数いて、なかには数万人のフォロワー数を持っている人もいます。

こうなると、その人の情報発信力は、メディアよりも強力なものになります。そんな人が、もし間違った情報を流したら、どうなるでしょうか。

そうです。どんどん拡散してしまうのです。これ、けっこう怖い話ですよ。

SNSに限った話ではありませんが、**情報に接するときは、常に自分自身でその情報が正しいのかどうかを吟味する必要があります。**

世間一般で正しい、あるいは正義と思われていることを鵜呑みにして情報を拡散させると、それがデマ、あるいは間違いだったときに、取り返しのつかないことになっている恐れがあるのです。

だからこそ、正しいのか、正しくないのかを常に自分に問いかける姿勢を持つことが肝心なのです。

いま流れてきた情報、リツイートして大丈夫？

あなたの
決断

渋沢栄一の教え 26

無駄な努力はするな！

短所を克服するよりも、長所を伸ばすほうが成功に近づく

渋沢栄一の兄弟は、５歳年上の姉と、12歳年下の妹だけで、その他は早死にしたということなので、栄一は正真正銘、渋沢家の跡取り息子だったわけです。

当時、長男として生まれたならば家業を継ぐのが当たり前でしたから、栄一は本当なら家業の農家を継いで、農民として生涯を終えるはずでした。

でも、農家は継がず、一橋家の家来になってフランスに渡り、帰国後は大蔵省の役人になり、それを辞めたと思ったら銀行経営に乗り出し、さらに５００社ほどの会社の立ち上げにかかわる起業家になったのですから、自分勝手というのは言い過ぎかもしれませんが、自分のやりたいことを徹底的にやってきた人生を送ったわけです。

栄一は、父である市郎右衛門の跡を継いで農業をやるよりも、自分の身を国事に捧げたかったのでしょう。

なぜ渋沢栄一は農家を継がずにすんだのか

栄一が父親に「自分は国事に奔走するので農家を継ぐことはあきらめてくれ」と言ったのは、高崎城乗っ取りを企てたときのことでした。当然、父親は大反対。『父　渋沢栄一』によると、市郎右衛門は栄一に対してこう言ったと書かれています。

「それはお前の心得違いだ。分を超えて非望を企てることだ。もともと百姓に生まれついた以上は、どこまでも本分をまもって農業にはげんだがよい」

国事に奔走するなんて農民のすることではないと市郎右衛門は栄一に言いたかったのでしょう。まさに士農工商という身分制度が生きていた時代ならではのお話です。

でも、それに対して栄一が納得することはなく、結局、市郎右衛門のほうがサジを投げて、栄一は家業である農家を継がなくてもいいことになりました。

おそらく、子供のころから親の商売を手伝っているなかで、藍玉を売りに行ったり、藍玉の原料となる藍葉を信州へ仕入れに行ったりする道中、山の向こう側にある世界に想いを馳せながら、いまの仕事ではなく、まだ見たことがない江戸、京都で何か大きなことをしたいという野望を抱いたのではないかと想像します。

この時点では、おそらく栄一も何が自分の天命であるかは理解しておらず、**とにかくいま、やりたいことに全力を注いだのだと思います。**

いまやりたいことに全力で取り組め！

さて、栄一は小男でした。身長は150センチとちょっと。いまの日本人男性から見ればもちろんですが、当時でもそんなに大きなほうではありません。

それに、写真がたくさんあるので、これは隠しようがありませんが、ルックスが抜群に良かったというわけでもありませんでした。

それらは明らかに見た目における短所ではありましたが、そうであるにもかかわらず栄一は女性にもてたようです。

それはきっと栄一が、**自分の長所、得意とするところをどんどん伸ばしてさまざまな偉業を達成していった結果、見た目の短所など誰も気にしなくなったからでしょう。**

『渋沢栄一訓言集』に、このような言葉があります。

長所はこれを発揮するように努力すれば、短所は自然に消滅する。

栄一は若いころ、一橋昭武の随員としてフランスに渡り、そこで1年半の留学生活を送りました。

また栄一は、晩年、政府の外交交渉だけでなく国民外交が必要だという政府からの要望を受け、日本の商工界の代表として4回にわたって訪米し、日米親善に全力を尽くしました。最後に米国を訪問したとき、栄一は81歳でした。

当時としては海外経験豊富な栄一ですが、実は語学がからっきしダメだったそうです。

栄一は自分がたどたどしい外国語を話すよりも、通訳を付けたほうが意思や愛情が伝わると思っていたそうです。日米親善に賭ける強い想いがあれば、外国語ができないという短所などカバーできると考えていたのではないでしょうか。

私が小学2年から暮らしていた米国から大学を卒業して帰国して勤めた国際交流の財団法人の仕事で、当時、ソニーの会長だった盛田昭夫さんを米国議員らと訪問する機会があ

りました。国際ビジネスパーソンとして知られていた盛田さんですが、実は英語が得意でなく驚きました。内容が聞き取り難いのです。

でも、聴いている人たちは、それを笑ったりせず、一言も聴き漏らすまいとして真剣に聴き入っているのです。それは、盛田さんの圧倒的な存在感とパワーでした。

それは英語の上手、下手とは関係なく、盛田さんが相手に対して伝えたいという情熱がそうさせたのだと思います。

おそらく栄一も、それと同じだったのではないでしょうか。

本当に伝えたいこと、成し遂げたいことがあるならば、言葉なんて片言でも相手に伝わるものなのです。その真剣度合いが栄一の場合、他の人に比べて抜きんでていたのでしょう。そのパッションが、語学が不得意という短所をカバーしたのでしょう。

短所は誰にでもあるものですが、それをはねのけて自分の夢を達成するには、自分ができることをやるのではなく、やりたいことをやるのが一番です。

とはいえ、何もせずに待っているだけでは運が開けません。たとえ閑職に追いやられたとしても、いつか自分の言っていることを理解してくれる上役が現れることを信じて、ひたすら働きかけるのです。

自分のつくすべき事をつくして、それから先の運命は天命に任せよ。

まさにこの渋沢栄一の言葉の通りで、自分のやるべきことをただひたすらやることによって、次のチャンスが開けてくるのです。

あなたの長所は何？

あなたの決断

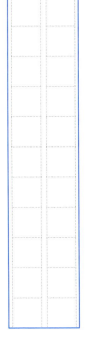

第5章

君の夢は社会に役立つことか

たった1年で黒字化ってすごいね
おめでとう！
ありがとう……
どうしたの元気ないね
働きすぎじゃない？
…昨日会社の口座に入金があったんだ
いくらだと思う？
えっ
思ったより少なかったとか？
逆だよ
10億円

じゅ、う、お、く…
――いま、お金も、人も、仕事も
不思議なくらい僕のもとに
集まってくる
でも
不安で
仕方ない
最近
同じ夢を
見る
お金も、人も、仕事も
みんな僕のもとから
離れていく夢を…

渋沢栄一の教え 27

多くの人に幸福を与えることを考えろ！

人の幸せにつながると信じていれば、苦しくてもがんばれる

そろそろ私の話も大詰めに入ってきました。

ここまで読まれたあなたは、理想の夢を追いかけたくなっているのでは？

どんな夢を持つかは人それぞれなのですが、渋沢栄一が考えていた夢は、私益ではなく公益につながるものだったと思います。いまの時代でいえば、サステナビリティとインクルージョン。このような経済社会を築くことを夢見ていたのだと思います。

それは栄一が『渋沢栄一訓言集』に遺した言葉にも現れています。

できるだけ多くの人に、できるだけ多くの幸福を与えるように行動するのが、吾人の義務である。

吾人とは「われわれ」という意味です。

> 国家社会を益する事業でなくては、正義の事業とは言われない。一個人がいかに富んでも、社会全体が貧乏では、その人の幸福は維持できぬはずである。

それぞれの言葉を噛みしめながら、栄一が言いたかったことを考えてみましょう。

幸福な社会に、お金持ちがいてもかまわない

自分だけが大金持ちで、あらゆる富を独り占めすると、社会全体はどんどん貧しくなります。

経済学の世界では「トリクルダウン効果」といって、一部の大金持ちが富めば、その人たちの旺盛な消費によって中間層や貧困層の人々にも富が滴り落ち、社会全体が豊かになるという理論がありましたが、これは全くの仮説で、有効性は一切証明されていません。

それどころか、いまの世の中は一部の富裕層に富が集中し、世界的に貧富の差が広がっています。そして貧富の差が極端なまでに広がった社会では、確実に治安が悪化します。

栄一は、一部の人間に富が集中する社会は不健全だと考えていたのだと思います。

だからこそ、「国家社会を益する事業でなくては、正義の事業とは言われない」と言ったのでしょう。それに、「できるだけ多くの人に、できるだけ多くの幸福を与えるように行動するのが、吾人の義務である」と言ったのも、幸せな社会を築いていくうえでそれが必要不可欠だと思ったからです。

ただ、栄一は『論語と算盤』に、こういう言葉も遺しています。

富の分配平均などとは思いも寄らぬ空想である。要するに富むものがあるから貧者がでるというような論旨の下に、世人がこぞって富者を排擠《はいせい》するならば、いかにして富国強兵に実を挙ぐることが出来ようぞ。

社会全体が豊かになるのはいいのですが、だからといって**「金持ちがいるから貧しい人が生まれてしまう」という考え方は間違っている**と言っているのです。

「一個人がいかに富んでいても、社会全体が貧乏であったら、その人の幸福は維持でき

ぬはずである」と言っておきながら、一方で「金持ちがいるから貧しい人が生まれるという考え方は間違っている」と言う。

なんか矛盾しているって思うかもしれませんね。

もちろん富の独り占めは良くないことです。世の中全体が不幸になりますし、何よりも周りから恨みを買います。自分や家族、親類一族の命を守るために、警備員を配備する必要もあるかもしれません。

それは決して幸せな生活とは言えません。

しかし、だからといって持てる富を全員が平等に分ける社会になったらどうでしょう。おそらく、努力して世の中のためになることをしようという気概を持った人は出てこないでしょうし、社会全体の停滞を招くことになります。

明治時代は「富国強兵」が国是のようなものだったので、社会が停滞するような悪平等主義は良くないということを、栄一は言いたかったのでしょう。

つまり、**お金持ちがいるのはかまわないけれども、そのお金持ちは、そうではない人たちから尊敬されるような行動が求められるわけです。**論語的にいえば、「君子」です。

株式上場は夢のゴールではない

では、どうすれば尊敬されるのかというと、最初に戻りますが、**「できるだけ多くの人に、できるだけ多くの幸福を与えるように行動する」**ということだと思うのです。

そして、それは起業家にそっくりそのまま当てはまる要素といってもいいでしょう。

なぜ起業するのでしょうか。単に「お金が欲しいから」という人は、それこそ上場がゴールになってしまいます。創業者にとって自分の会社の株式を上場させるのは、確かに夢のひとつかもしれません。

でも、それは決してゴールではないはずです。

会社の株式を上場させれば、会社の知名度が上がる。知名度が上がれば取引もしやすくなりますし、何よりも優秀な人材を確保しやすくなります。

なぜ優秀な人材を確保しなければならないのかというと、それは組織を存続させるためです。起業家は自分の立ち上げた会社が提供している製品、あるいはサービスが、必ず世の中のためになると思っているから、それが多くの人たちの幸せにつながると信じているから、苦しい思いをしながらも経営を続けているのです。

そして、そういう付加価値の高いサービスを提供し続けるためには、優秀な人材を確保する必要があります。つまり、**株式の上場は単なる通過点であり、決してゴールなどではないのです。**

起業家にとってのゴールは何？

あなたの
決断

渋沢栄一の教え 28

お金をたくさん儲けて、たくさん使え！

お金が世の中を駆け巡ると、社会が元気になる

私が会長を務めているコモンズ投信では、定期的に子供向けのセミナーを開いています。お金の使い方についてお話をしたり、親子で一緒に会社訪問をしたりしているのですが、そこで必ず子供たちに聞くことがあります。

「お金持ちはいい人でしょうか。それとも悪い人でしょうか」

どんな答えが返ってくると思いますか。たぶん、あなたのご想像の通りです。そう、「悪い人」というイメージが子供の間でも非常に強いのです。

なぜなのでしょう。いくつか理由があると思いますが、ニュースの影響が大きいでしょう。脱税や詐欺など経済事件の犯人がお金持ちやお金目当てというケースがけっこうあります。こうしたニュースが流れたとき、親が子供にこう言うんでしょうね。

「お金持ちになったからといって、悪いことをすると、こうなっちゃうんだぞ」

こうして子供たちの脳に「お金持ち＝悪い人」というイメージが植え付けられていくのだと思います。

50兆円がタンスの中に眠っている

これは『論語と算盤』に書かれている渋沢栄一の言葉です。

よく集めてよく散じて社会を活発にし、従って経済界の進歩を促すのは有為の人の心掛くべきことであって、真に理財に長ずる人は、よく集むると同時によく散ずるようでなくてはならぬ。

社会を良くして、経済を進歩させていくためには、貯めるだけではダメで、よく使わなければならないということを、栄一は言っています。

話は飛びますが、渋沢栄一の肖像が２０２４年あたりから流通する１万円札に刷られることになりました。そのとき、栄一はおそらくこう言うと思うのです。

「ワシは暗いところが嫌いじゃ！」

暗いところとはタンスの中のことです。つまり栄一は「タンスの中に入れっぱなしにしないでおくれ」と言うのだと思います。

というのも、いまの日本にはタンス預金の額が50兆円あるといわれています。**現在、日本国内に流通している紙幣は100兆円なので、なんとその半分が「よく散ぜよ」どころか、社会や経済に全く参加せず、眠っていることになります。**

50兆円を1万円札で積み重ねていくと、どのくらいの高さになるかわかりますか。

1００万円を1万円札で積み重ねた高さが約1センチです。1億円が約1メートル。1０００億円が約1キロメートル。1兆円が約10キロメートル。ということは、**50兆円の高さは約5００キロメートルにもなります。**

よく「日本には資源がない」と言う人がいます。でも、私は決してそんなことはないと思っています。確かに石油などの地下資源は少ないと思うのですが、日本にはこの何にも使われずに、ただタンスの中で眠っているお金が50兆円もあるのです。
これが動き出せば、経済は間違いなく活発になります。

We（私たち）のためのお金の使い方

先ほど述べた子供向けセミナーで「お金の使い方」についてお話しするとき、まずお金には4つの使い方があるということから話していきます。

一番目は**「使う」**です。親のお買い物を手伝った経験のある子なら、すぐにわかります。野菜やお肉、お魚を買うためにお金を使うわけです。
二番目は**「貯める」**です。自分の欲しいものがあるのに手持ちのお金では足りなければ、買えるようになるまでお金を貯めなければなりません。
「使う」と「貯める」はだいたい、子供の頃から親に言われたり、経験させられたりしているので、多くの子供たちが理解できます。問題は三番目と四番目です。
三番目は**「寄付する」**です。

どんなに小さな子供でも良心があります。

「困っている人がいたらどうする?」って聞くと、「助けてあげる」という答えが返ってきます。

次に、「隣の人が困っているなら助けてあげられるよね。でも、もっと遠いところで困っている人がいたらどうする?」と聞くと、子供たちの表情が曇ってしまいます。

本当は遠くまで行って助けてあげたいけど、いまの自分にはそこまで行けるだけの力がないので、助けられないと思ってしまうのでしょうね。

そこで私たちは、このように言います。

「君たちはまだ小さいから直接訪ねて行って助けることはできない。でも、君たちの代わりにそこに行って、困っている人を助けてあげられる人は世の中にたくさんいるんだよ。そういう人たちに、君たちの代わりを務めてもらうためには、何をすればいいのかな?」

すると子供たちは、「あ、自分が貯めたお金の一部を渡して、自分の代わりに行ってもらえばいいんだ。自分のお金だけじゃ足りないから友達とか大人たちにも一緒に寄付してもらえばいいんだ」ということに気づいてきます。顔がぱっと明るくなる瞬間です。

自分ひとりでは微力だけど、みんなと一緒に力を合わせれば大きなことができるんだと子供が気づいたからです。

お金を「使う」「貯める」までは、自分の目的を達成するためのお金の使い方です。つまりＭｅ（私）のためのお金の使い方です。**これに「寄付する」ことが加わると、Ｍｅの〝Ｍ〟が反転して〝Ｗ〟になり、Ｗｅ（私たち）のためのお金の使い方に変わります。**

ここから四番目の「投資する」へ進みます。

「世の中には、大勢の人たちが喜ぶ商品やサービスをつくっている会社がたくさんあります。そこでお客さんは『ありがとう』と言ってお金を払い、商品やサービスを買い、会社は『ありがとうございました』と言ってそのお金を受け取ります。

その会社には、君たちのお父さんやお母さんのように、一所懸命に働いている人が大勢いて、会社は『いつも一所懸命働いてくれてありがとう』と言って給料を渡します。働いている人は『ありがとうございます』と言って給料を受け取り、そのお金で生活するのに必要な食べ物や服を買ったり、君たちのお小遣いになったりしています。

このように、**お金は『ありがとう』をつなげる接着剤のようなものです。**そのありがとうの連鎖を応援するためのＷｅのお金の使い方が投資なんです」

最初から投資の話になると、どこで買って、どこで売って、ナンボ儲かったというマネーゲーム、思いきりＭｅに留まるお金の使い方に留まってしまいます。

こんな話をすると、子供でも投資を理解できるようになるのです。そして、投資も寄付もＷｅのお金の使い方であることを理解すると、子供（そして我が子を見守る親御さん）たちは、いずれ「お金持ちは悪者」というイメージを払拭できます。

タンスの中にお金が眠っていない？

あなたの
決断

渋沢栄一の教え 29

世の中の役に立てれば、心は常に楽しめる

仕事に対する誇りを持っている人は、Weの気持ちで働いている

では、お金はたくさんあったほうが幸せなのでしょうか。

確かに、お金がたくさんあれば自分の欲しいものをいつでも、いくらでも買えるし、そのお金を使って投資や寄付を行い、世の中の役に立てたら、精神的な幸せも享受できます。

その意味では、お金はたくさんあったほうがいいのですが、実はそれほどお金がなくても、心を幸せな状態にすることは可能です。

満足感が得られる仕事ほど楽しいものはない

それはMeの気持ちではなく、Weの気持ちを持って働くことです。

Weは私たちなので、自分や自分の周りの人たち、つまり両親や兄弟、友人がまず対象

に含まれてきますが、もっと対象を広げて、日本国民のすべて、あるいは地球上の生きとし生けるものすべてを対象にしてもいいでしょう。

自分の幸せのためだけに働くのではなく、日本国民全員、あるいは地球上のすべての生き物の幸せのために働くという気持ちを持って働くことができれば、満足感を得ることができます。満足感が得られる仕事って、やっていて楽しいですよね。

渋沢栄一は、『論語と算盤』でこのように言っています。

たとえその事業が微々たるものであろうと、自分の利益は少額であろうと、国家必要の事業を合理的に経営すれば、心は常に楽しんで仕事にあたることができる。

この意味を理解するには現代的に言い換える必要があるでしょう。

栄一が活躍したのは明治の世の中であり、日本の近代化を図るうえでさまざまな産業が必要とされた時代ですから、「国家必要の事業」といういささか畏まった言葉が用いられているわけですが、いまで言えば「社会にとって必要とされる事業」という程度に受け止

めてもらえればいいと思います。

つまり、自分が携わっている仕事が大したものでなくても、それによって得られる収入が微々たるものであったとしても、社会から必要とされている仕事だと信じることができれば、心から楽しんで、その仕事をすることができる、という意味になります。

自分の仕事が世の中にどのように役立っているのかを考えろ！

若いころは特にそうだと思うのですが、次々に大きなプロジェクトを取りまとめるような仕事を「カッコいい」と思い、そのような仕事に自分がもし携われたら、きっと人生は楽しいだろうなどと漠然と考えている人が大勢いるのではないでしょうか。

一方、それとは逆に地味な仕事をしている人たちのほうが多いのが現実です。

そういう人たちのなかには、「自分の仕事なんて世の中で何の役にも立っていないからどうでもいいんだ」などと、卑下している人がいるかもしれません。こうなると、仕事はどんどんつまらないものになってしまいます。

でも、よく考えてみてください。なぜ会社は存在しているのでしょうか。それは社会の課題を解決するものだからです。たとえば、自動車で考えてみましょう。

自動車メーカーは完成車をつくっているわけですが、完成車はさまざまなパーツの集合体です。自動車1台につき、だいたい3万点のパーツを必要とします。

その大半のパーツは協力会社といって、たとえばヘッドライトをつくっている会社、ブレーキをつくっている会社、排気管をつくっている会社、その他の電装系パーツをつくっている会社などがあり、完成車メーカーはそういった協力会社からパーツを仕入れ、それを組み立てて自動車を製造しています。

こうしたパーツのなかには、たとえばネジのような非常に小さいものもあるわけです。その現場で、「ネジなんてつまらないものをつくっていて、自分って全然イケてない」なんて思っている人もいるかもしれません。

でも、**この1本のネジがなかったら、世界中の道路を走って、人々の役に立っている自動車はつくれないのです。**

これから20年、30年と働いていくなかで、多くの人はきっと自分の仕事に対して疑問を感じることが、多々あると思います。

もし、あなたがいま携わっている仕事に疑問が生じたら、まずあなたが属している会社は、どういう形で世の中の役に立っているのかを考えてみるといいでしょう。そして、あなたの仕事がどのように世の中に役立っているかを考えてみましょう。

いまの仕事を続けるにしろ、転職するにしろ、起業するにしろ、自分の仕事が世の中にどのように役立っているのかを考えることは大切なことです。

一時的につまらないと思っていたあなたの仕事に対する誇りを取り戻せるかもしれません。そうなればしめたものです。きっと自分の仕事が楽しくなってくると思います。

「グローバル・ニッチ・トップ」という言葉を知っていますか。ニッチは隙間です。やっていることはニッチな分野だけれども、世界市場でトップシェアを占めている会社のことです。この言葉をインターネットで検索すれば、日本企業でも本当にたくさんの会社があることに驚くと思います。

たとえば東大阪の竹中製作所という会社は、ボルトを製造しているのですが、防錆防食ネジで世界的に有名です。

このネジが何に使われているのかというと、パイプラインや海底石油掘削用リグなどに用いられています。つまり、この会社のネジがなければ、天然ガスや石油の輸送に大きな支障を来してしまうのです。

そう考えると、「たかがボルト」などと言っていられません。

きっと、この会社の社員さんたちは、自分たち一人一人が重責を担っていることを腹落ちさせたうえで、日々の仕事に邁進されているのではないでしょうか。

いまの仕事をどう思っている？

あなたの決断

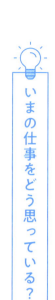

渋沢栄一の教え 30

社会に尽くさなければ成功はない

いま動き出したミレニアル世代が新しい社会をつくる

あなたはなぜ働くのでしょうか。


「食べるため」

「結婚して子供もいるし、家族を養わなければならないから」

「老後にお金で困らないように、老後資金をつくるため」

「大好きな車を買うため」


いろいろな意見があると思います。

でも、私がいま、事例として挙げたのは、どれもこれも働く動機としては弱すぎます。

もし、ここまで私の話を聞いて、なおかつ成功したいと思っているのであれば、もっと別の動機を持たなければなりません。

もちろん、家族を養うことは大切です。ただ、先述した「理想の夢を追う」ことを思い出してください。そして、「と」の力を思い出してください。家族を養うことと自分が人生で成し遂げたいことは両立できるはずです。

以前、公務員を就職先に選んだ学生に「どうして公務員を選んだの?」と聞いたら、「安定しているから」という答えが返ってきました。もちろん、公務員になった人がみな、そういう考えだと言うつもりはありません。

確かに、公務員になれば安定した生活が送れます。でも本来、**公務員になりたいという人は、「国民や地元の住人に尽くしたいから」という想いが先に立つべきでしょう。**

公務員とは「公」のために「務める」、パブリック・サーバントであり、安定志向、権力主義のための職種ではないという心得が大切ではないでしょうか。

民間企業であっても社会の公器

公務員でも会社員でも、その仕事に就いて働く動機は同じです。それは社会のために役立ちたいという気持ちです。

民間企業は利益を追求しなければなりませんが、不正を黙認したり、従業員や下請け企業を泣かせたりしてまで利益を追求するのは、決して容認できることではありません。

民間企業であったとしても、利益を追求する以前に、まずは社会の公器として、その仕事がどれだけ世の中の役に立つのかを、まずはしっかり固める必要があるのです。

その点について、**私はいまの若いビジネスパーソンに対して期待するところは非常に大きなものがあります。**

最近、さまざまな仕事を通じて若い人たちと交流することがあるのですが、Ｍｅの精神ではなくＷｅの精神を持っている若者が大勢いることを心強く感じています。

私は、経済同友会のアフリカ委員会の副委員長を務めており、その活動から、同志の委員の私的活動として、「アフリカ起業支援コンソーシアム」を設立して事務局を担当しています。アフリカで起業にチャレンジしている日本人の若手起業家を金銭面で支援するコンソーシアムで、資金の財源は日本企業からいただくコンソーシアム会費です。

かつてアフリカといえば、欧米列強が植民地化して鉱物資源などを搾取するという負の歴史がありました。でも、私たちが支援している日本の若者は、アフリカから何かを搾取してやろうという気持ちで起業しているのではありません。

みな、アフリカの人々と一緒に仕事を生み出し、それによって雇用を創出して、共に発展していきたいという想いから、アフリカで起業する道を選んだ人ばかりです。有名人になりたいとか、一発当てて金持ちになりたいという気持ちは一切ありません。

社会起業家を目指すミレニアル世代

この支援プログラムの1年目にご縁をいただいた「RICCI EVERYDAY」というブランドを立ち上げた仲本千津さんという起業家がいます。彼女はウガンダ共和国で起業したのですが、なぜアフリカで起業する道を選んだのかというと、アフリカ人シングルマザーとの出会いがあったからです。

アフリカでもシングルマザーの家庭は生活が苦しく、なかには子供を学校に通わせるのに必要なお金を稼ぐために売春をせざるを得ない母親がいることを知った仲本さんは、**アフリカのシングルマザーを対象にして雇用を創出しよう**と考えました。

そこで思いついたのが、カラフルなアフリカン・プリントを使用したバッグやトラベルグッズを製造して、日本などで販売するというビジネスです。代官山に直営店がありますので、興味のある方は覗いてみてください。

また、タンザニアでパン屋さんを営んでいる「Joy Bakery」の松浦由佳さんは、**地元で仕事がないため、やむなく犯罪に手を染めてしまうストリートボーイズが働く場をつくる**という想いから、日本のフワフワのパンをつくり、現地のホテルなどに納める会社を立ち上げました。

仲本さんも松浦さんも、この仕事を通じて大儲けしてやろうという気持ちは微塵もありません。**きちんとビジネスを行うことによって雇用を生み出し、それを永続させる仕組みをつくっていくことで現地の人々に貢献したい**という一念で、さまざまな苦労を乗り越えながら会社を経営しています。

最近は「社会起業家」という言葉が徐々に認知されつつありますが、彼女らがやっているビジネスは、まさにそれそのものです。

もちろんアフリカだけではなく、日本国内の最近の若手起業家でも似たような傾向が見られます。「社会を変えたい」「インパクトを与えたい」という動機が起業であり、「上場して六本木で遊びたい」ではないのです。

彼らの共通点が、ミレニアル世代であるということです。

ミレニアル世代とは、１９８０年代から２０００年代初頭までに生まれた世代を指しており、その中心となるのがいまの30代です。

仲本さん、松浦さんはまさにその世代なのですが、**社会起業家を志向するのは、日本のミレニアル世代に限ったことではなく、実は米国でも同じようなケースが見られます。**

かつて米国の起業家で成功した事例といえば、シリコンバレーあたりで起業して、株式を公開して莫大な財産を築くというケースでしたが、ミレニアル世代の起業はシリコンバレーではなく、コロラド州にあるデンバー、フォートコリンズ、ボルダーという都市が中心になっています。彼らが立ち上げている会社は、自分たちの身の回りの社会的課題を解決するようなビジネスが多く見られるという話を聞きました。

１９７６年にノーベル経済学賞を受賞したミルトン・フリードマンは、「企業の社会的責任はたったひとつしかない。それは利益の最大化である」という言葉を遺したのですが、それは20世紀型の成功モデルだったのではないかと思うのです。

これまで「成長こそ美徳」のような感じで、先進国の企業は成長追求一本槍でここまで来ました。ところが、現実を見ると、環境問題が深刻化し、貧富の差も限界点を超えるまで拡大し、地下資源は枯渇しようとしているわけです。そして、新型コロナウィルスの出現です。

私たちはいま、サスティナブルな社会を築くにはどうすればいいのかという課題を突き付けられており、手探りでもその答えを見つけなければならない状況に直面しています。

私はフリードマンが言った企業の社会的責任は、いまの世の中には通用しないと考えています。だからこそ、社会的課題の解決に向けて起業するミレニアル世代に期待しているのです。

渋沢栄一は『雨夜譚』にこんな言葉を遺しています。

私は他人が掛物とか屏風とかその他の書画骨董に金を出すと同様に、慈善事業に金を費やすことをもって一種の道楽と思うているくらいである。

栄一は５００社ほどの民間会社を育て上げましたが、それと同じくらい慈善事業を行う団体の設立にかかわることを楽しんでいました。**日本資本主義の父と言われた栄一は、実は社会起業家でもあったのです。**

あなたの身の回りの社会的課題って何？

あなたの決断

渋沢栄一の教え 31

道徳に基づかなければ永くは続かない

これからの企業に求められるのは価値の最大化

フリードマンは企業に「利益の最大化」を求めました。でも、**これからの企業に求められるのは、利益の最大化ではなく「価値の最大化」だと思います。**

利益と価値は決してイコールではありません。利益は数値化して他社と簡単に比較できる客観的なモノですが、価値はどちらかというと主観的なものになります。

だからこそ価値観は人によって異なります。Aさんが「これは価値がある」と思ったとしても、同じことをBさんも思うとは限りません。

では、価値って何でしょうか。簡単に言うと、どのくらい役に立つのか、あるいは精神的にどのくらいの満足感が得られるのか、といったことの度合いです。

したがって企業の価値とは、その企業が社会的にどの程度、存在意義を持っているのかという点が計られます。

もうちょっと平易な言い方をすると、その企業が行っている商売が、私たちにとってどの程度役に立つものなのかということになります。そしてそれは、これまでも何度となく触れてきましたが、**その企業がどれだけ社会的課題を解決できるのか**という点に集約されていくのだと思います。

一方で、これを「綺麗ごと」と捉える人もいます。そんな綺麗ごとをいくら並べたてたとしても、所詮、儲からなければ意味がないと考えているのでしょう。

それは見方を変えると、「社会貢献は儲からないもの」という固定観念に縛られているからに他なりません。「社会貢献＝ボランティア」というイメージを抱いている人が、それだけ大勢いるということです。

社会的課題を解決するインパクト投資

あなたは**「SDGs」**という言葉をご存じですか。

そのまま「エスディージーズ」と読んでください。「Sustainable Development Goals」

の略称で、日本語訳すると**「持続可能な開発目標」**となります。国連総会において満場一致で採択された人類の共通目標であり、２０１６年から２０３０年までの長期的な17の目標と、細分化された１６９のターゲットが示されています。

ここでは具体的な目標の説明はしませんが、貧困や飢餓の問題、国際保健、地球環境問題、働き方、資源問題など、いまの世界が直面している問題が含まれています。

それを２０３０年までに、先進国も新興国も一丸となって、誰一人として取りこぼさずに達成しようということなのです。

ただ、ＳＤＧｓを達成するためには、多額の資金が必要になります。ＵＮＣＴＡＤ（国連貿易開発会議）の推計では、新興国で必要とされるＳＤＧｓ関連に必要な投資額は年間３・３兆〜４・５兆ドルです。

それと比べると政府予算、開発援助機関、民間助成財団など従来の資金提供者が投入している総額は１・４兆ドルです。

したがって、必要な金額の中央値になる３・９兆ドルから投資総額を差し引くと、年間２・５兆ドルのＳＤＧｓを達成するための資金が不足していることになります。

これだけのお金を政府予算から捻出するのは不可能なので、民間のお金をどうやったら動員できるかというのが、目下の関心事となっています。

そこで注目されているのが「インパクト投資」です。

インパクト投資とは社会的課題を解決することを意図し、それを持続させるために経済的なリターンも要求するという投資のスタイルです。

寄付は基本的に経済的なリターンを求めませんが、インパクト投資はあくまでも投資なので、経済的なリターンも追求していきます。慈善活動ではないのです。

また、経済的目的の投資の見栄えをよくするための「社会貢献」や「おまけ」でもありません。社会的インパクトの測定を求めることが、リアルとフェイクのインパクト投資を見分けるヒントになります。

10年程度の実績を持つところもあり、たとえば新興国を対象とするインパクトファンドで年率20～25％程度のリターンの実績を持つところもあります。投資対象としても問題はありません。

また、ニッチ・プレイヤーに留まることなく、最近では老舗大型バイアウト・ファンドのＫＫＲなどもインパクトファンドを組成しています。

インパクト投資は、投資界の主流になりつつあるのです。
具体的な投資の内容としては、貧困層の人々を対象にして小口の融資を行う「マイクロファイナンス」や、健康の維持・増進、健康管理を行う「ヘルスケア」、廃棄物処理を行う「ウェイストマネジメント」などをテーマにしたものがあります。

道徳心が価値の最大化につながる

いずれも解決しなければならない社会的課題です。もちろん、いま挙げたもの以外にも、さまざまな社会的課題があり、その課題解決を目指した企業や団体が存在します。すべてにインパクト投資が応えられるわけではありませんが、ＳＤＧｓの達成のために新たなお金の流れをつくる財源になっていることは確かです。

もちろん寄付は見返りを期待しないという点で美しい面はあり、経済的リターンを要求すると届かない課題もあります。ただ、寄付や助成金に頼ることだけではＳＤＧｓを達成するために必要な巨額の資金を調達することはできません。

だから、**きちんとリターンが得られる投資、かつ社会的インパクトが測定可能であるこ**

とでより大きなお金を動かすのが、インパクト投資の重要なポイントです。

これ、まさに『論語と算盤』で渋沢栄一が言っていることと同じだと思いませんか。論語（道徳）は社会的インパクトであり、算盤（経営）は経済的リターンです。

インパクト投資は、『論語と算盤』に込められた精神を地で行くような投資スタイルだと、私は思っています。

そして、インパクト投資を通じてＳＤＧｓを達成することが、最終的には私たちの経済社会のサステナビリティを実現することへとつながっていくのです。

栄一は商売に道徳を求めました。これは『渋沢栄一訓言集』の言葉です。

道徳を欠いては、決して世の中に立って、大いに力を伸ばすことはできない。農作物でもさようである。肥料をやって茎が伸び、大きくなるに従ってこれに相応して根を固めなければならない。しからざれば風が吹けば必ず倒れる。実が熟さぬ中に枯れてしまう。

競争を前提とするビジネスの世界ですが、道徳心を無くしては成り立たないということを栄一は言っているわけです。それがこれからの企業に求められる価値の最大化につながっていくのだと思います。

価値か利益ではなく、価値と利益！

あなたの
決断

渋沢栄一の教え 32

君がやるべきことはまだまだある

未来を信じる、あなたの挑戦が日本の未来を切り開く

「昔の時代はこうだった……」

よく聞く嘆きです。渋沢栄一自身も「いま」の状況を嘆いていました。でも、渋沢栄一の「いま」は私たちの「昔」です。そして、栄一の「未来」は私たちの「いま」。

渋沢栄一は「いま」の時代に満足していませんでした。日本は、もっともっと良くなれる。つまり、栄一の言葉には常に未来志向があったのです。

私たちが栄一の言葉を学ぶことは過去に戻ることでは決してありません。渋沢栄一の当時の未来志向を私たちの「いま」の時代の文脈に合わせて表現、実践するためです。

『青淵百話』の「元気振興の急務」からの引用です。

社会の上下一般に元気が消沈して、発達すべき事柄が著しく停滞し来たようである。やり来た仕事を大切に守って、間違いなくやって出るというよりも、更に大に計画もし、発展もして、盛んに世界列強と競争しなければならぬのである。

私なりに意訳をするとこんな感じです。

社会全体の元気がなくなって、発展させるべき事柄が停滞しているように見える。過去の成功体験をそのままなぞらえるのではなく、新たな大きな計画を立てて経済を発展させ、グローバル競争を勝ち抜いていかなければならない。

１００年以上前の言葉ですが、まさにいまの世相を反映していると思えませんか。

未来を信じる力が不安をはねのける

日本は他の先進国に先駆けて、本格的な人口減少社会へと入りつつあります。人口が減少すれば内需は縮小の一途をたどっていきますし、いまの20代、30代という現役世代にとっては、どんどん社会保障負担が重くなります。日本国内に関して言えば、経済が成長する余地はほとんど残されていません。

こうしたことが背景となって、日本人の多くが閉塞感に苛まれています。結果、多くの日本人が自信を失い、自己肯定感がどんどん低下しています。

冒頭でも触れましたが、栄一が活躍した明治時代は、いつ欧米列強の植民地にされるかわからないような、不安定極まりない時代でした。当時の大半の人が「これから先、どうなるのか?」と、不安な気持ちに苛まれていたのではないでしょうか。

その不安をはねのけ、合本主義を提唱しながらいまの日本経済の基礎となる、たくさんの会社を育て上げることができたのは、栄一が「見えない未来を信じる力」を持っていたからだと思います。だから、次々に新しいチャレンジができたのです。

これは栄一の時代も、そしていまも変わらないと思います。

見えない未来を信じる力は、渋沢栄一のような別格な人物だけの特権ではありません。誰もが持っている力です。

間違いなく、あなたも持っている力です。

そして、「見えない未来を信じる力」の特長とは、「共感」と「共助」という足し算と「共創」という掛け算ができて、より多くの力になれることです。これが、渋沢栄一が提唱した合本主義です。見えない未来を信じる力である「本」を「合」わせれば、新しい時代を拓く大河になるのです。

見えない未来にはさまざまな可能性がある

では、どうすれば見えない未来を信じる力の足し算・掛け算へとつながるのでしょうか。

それは、それぞれが**広く社会全体のことを考えられる人間になることです。**

自分が楽しければいい、自分が儲かればいい、自分が楽できればいい、という感覚で生きている人は、永遠に目先のことばかりに囚われ、狭い了見でしか世の中を見ることができなくなります。そんな人に見えない未来を信じろというほうが無理でしょう。

だから広く社会全体に関心を持つことが大事になってくるのです。それも、海の向こうに見える外国とのつながりから、日本を見るようにしましょう。

きっと、そこには見えない未来のさまざまな可能性があると思うのです。

日本の遺伝子研究の第一人者である村上和雄先生の話では、**強く未来を信じることのできる力は、誰もがその遺伝子を持っているる**のだけれども、そのスイッチはずっと同じ環境に身を置いている限りは、絶対にオンにならないのだそうです。

栄一だって、討幕の過激派から一橋家の家来になり、大蔵省の役人を経て実業の世界に身を投じました。それは自分から意識してやったことなのか、天命がそのように栄一を誘導したのか定かではありませんが、結果的に幾度となくキャリアチェンジをして、**異なる環境に身を置いたからこそ、スイッチがオンになったと考えられます。**

人材会社のエン・ジャパンの創業者である越智通勝さんは、若手育成に力を入れている企業を表彰する賞を付与しています。その表彰基準は、エンプロイアビリティ（雇われる力）ではなく、キャリアセレクタビリティ（キャリアを選択する力）を持った若手を育てている企業かどうかということです。

一流企業に就職するために良い大学を目指すことは、ひと昔前の考え方です。これからは、**もっと主体的に自分のキャリアを選択する能力を持った若者が社会の一線に立つべき**だと越智さんはおっしゃっています。

賢く生きる必要なんてどこにもありません。

栄一だって決して賢い生き方をしてきたわけではないと思います。

収入が増えるとか、世間から高い注目を集めるとか、そんなことはどうでもいいことです。栄一と同じように、道徳をわきまえ、見えない未来を信じて、世の中の役に立つ仕事にどんどん挑戦してください。

あなたの挑戦が、いま閉塞感に満ちている日本の未来を切り開くことになるのです。

あなたのスイッチは、どこにある？

あなたの決断

渋沢栄一の教え
33

理想の夢は叶うまであきらめるな!

あなたは微力であるかもしれないが、決して無力ではない

さて、いよいよ私の話も最終話となりました。

もしも、渋沢栄一がいまの時代に生きていたら、君たちを前にして、最後の最後にどんな話をしただろうか。そんなことを考えながら、最後の話をしたいと思います。

この本の全体を通したテーマは、**「夢の叶え方」**だということに気付かれた方も多いのではないでしょうか。

でも、その一方で「夢の叶え方」を聞いたところで、「そんなの無理に決まっている」と最初からあきらめ気分の方も、また多いのではないかと想像します。

でも、夢って絶対に叶わないものなのでしょうか?

立ち位置が変わっても、ぶれなかった渋沢栄一の夢

渋沢栄一は、その生涯を通じて５００社ほどの企業を育て上げましたが、どれもすんなりと立ち上げることができたものはなかったと思います。
それは、『渋沢栄一訓言集』に出てくる、栄一のこの言葉にも表れています。

およそ新創の事業は一直線に無難に進み行かるべきものではない。あるいは躓《つまず》き、あるいは悩み、種々の困難を経、辛苦を嘗めて、はじめて成功を見るものである。

新しく事業を生み出すとき、何の困難に直面することもなく成功することはない。途中で躓くこともあるし、悩ましいこともたくさんある。こうしたさまざまな苦難を経て、辛酸をなめて、ようやく成功をつかみ取れるものなのだ。
栄一をして、このように言わしめるほど、新規事業を軌道に乗せるのは大変なことだったのです。

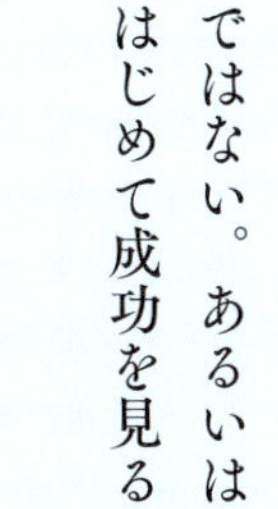

でも、栄一は決してあきらめませんでした。なぜなら、その根底には20代のころからの、「ある想い」があったからです。それは、日本という国を少しでも豊かにして、欧米列強に伍していけるような国にするということでした。

渋沢栄一の91年間に及ぶ人生をざっと振り返ると、だいたいこのような6つの顔を持っていることに気付きます。

- 武器を大量に集めて城の乗っ取りを企んだ過激派の栄一
- 一橋家の家来として欧州に渡り、高度な文明に触発された栄一
- 大蔵省の役人として近代日本の制度を立案・実行した栄一
- 実業家として数多くの会社を起業した栄一
- 社会的弱者の保護だけではなく自立を企て数多くの教育機関、病院、社会福祉施設およびNPO／NGOを支援した栄一
- 民間外交を通じて国際社会における日本のプレゼンスを高めようとした栄一

これを見る限りでは、「よくもまあこれだけいろんなことをやったもんだ」と、子孫な

がら思うわけですが、手段はバラバラのようでいて、実は目的は一貫しています。
過激派→一橋家の家来→役人→起業家→社会奉仕→民間外交というように、**自分の立ち位置、役回りは変化したものの、常に栄一の頭にあったのは「国を豊かにする」という一念だったのです。それがイコール栄一の夢だったた**わけです。

夢を実現するための手段は無限にある

あらためて、あなたに質問します。

あなたの夢は何ですか？
その夢を実現するためにいま、何をやっていますか？

これは社会人というより、大学生の答えになりますが、「一所懸命に勉強して大企業や一流官庁に入ろうと思います」というのは、夢でも何でもありません。**大企業や一流官庁に入るというのは、単なる手段に過ぎません。手段と夢を履き違えてはいけません。**

「グローバル化が進む世の中で、日本のプレゼンスを高めたい。だから私は外交官になりたい」というのであれば、話はわかります。日本のプレゼンスを高めたいという夢があるから、外交官という手段を選んだわけです。

一人でも多くの人の命を救いたいから医者になるのもいいですし、社会正義を貫きたいから弁護士になるのもいいでしょう。

この世の職業の大半は、自分の夢を実現させるための「手段」なのです。

芸能人だって、自分の得意な演技を通じて、世の中の大勢の人に楽しんでもらいたいという夢があるからこそ、芸の道をひたすら追求するのです。

「大勢の人に注目されたい」「多額のギャラをもらって贅沢な暮らしがしたい」なんてことを夢見ている人も、なかにはいると思います。

でも、それも栄一に言わせれば、「そんなつまらぬものは夢ではない」と一刀両断にされそうです。なぜなら、それらは単なる私利の追求に過ぎないからです。

栄一にとっての「夢」は、常に公益に根差すものでした。つまり、大勢の人たちの幸せにつながるものであるかどうかが大事なのです。

自分はいったい、何者になりたいのだろうか？

20代、30代のうちは、こんなことを考えることもあるのではないでしょうか。

この自問に対する栄一の答えは、とても明確だと思います。

それは、**「大勢の人たちの幸せに貢献できる人になりなさい」**ということです。

そう考えていくと、夢を実現するための手段は、無限に広がっていきます。それこそ、海底のパイプラインを連結させるために必要とされる特殊なネジをつくることだって、人々の幸せに直結しているのです。

栄一の場合、たまたま「日本の資本主義の父」とまで言われるようなことを成し遂げましたが、**人々の幸せに貢献するという一点においては、栄一が成し遂げた偉業も、淡々と1本のネジをつくり上げていくことも、同じ価値を持っています。**

33歳――、夢を実現させるために決断すべきとき

ただ、人によって向き不向きはあります。どうしても人に会うのは苦手という人に営業の仕事を強いれば、間違いなくその人は心が折れてしまいます。心が折れてしまったら、人々の幸せに貢献するどころではなくなってしまいます。

だから、そうならないように、自分の身の丈に合った手段を選ばなければなりません。

どうすれば良いのか。**とにかくガムシャラに、何事にもチャレンジすることです。**

栄一の20代は、まさにそんな時代でした。高崎城の乗っ取りを企み、一橋家の家来となり、欧州を歴訪し、大蔵省の役人になったわけです。

その中から、自分が日本を豊かにするために何ができるのかを、彼はひたすら考えたのでしょう。そして、たくさんの民間企業をつくるという答えを見出したのです。

そして、それを33歳にして実行に移しました。

33歳――、いまのキャリアに当てはめるとチームリーダーでしょうか。

どうですか。あなたはどんなキャリアを積んできましたか。**いま一度、入社してからの年月であなたがしてきたことを振り返ってみてください。そして、あなたがこれから、大勢の人たちの幸せに貢献するために何をするべきかを考えてみてください。**

あなたがまだ20代で社会人のキャリアを歩みはじめたばかりなら、とにかく挑戦してください。就職した会社でいろいろな仕事を経験するのもいいですし、転職してもいいです。起業してもいいと思います。**世の中にどう貢献できるのかを頭の片隅において、あなたが、**

この先もずっと続けていけることを模索してください。

私が尊敬する鬼丸昌也さんという友人がいます。2001年、鬼丸さんが大学4年生のとき、ワンルームマンションで立ち上げたテラ・ルネッサンスというNPOは、カンボジアの地雷撤去、アフリカの元子供兵の社会復帰などに取り組んでいます。日本から遠く離れた数多くの尊い子供たちの夢を叶えることに20年間ほど精力を尽くしています。ひとりでは解決できるような問題ではありません。でも鬼丸さんは、こう言います。

「我々は微力であるかもしれない、けれども決して無力ではありません」

この言葉を聞く度にしびれます。鬼丸さんのメッセージを通じて、渋沢栄一の声が届いてきたように感じるからです。

「一滴一滴の雫」は微力です。けれども、鬼丸さんがおっしゃるように決して無力(ゼロ)ではない。足し算・掛け算によって「大河」という勢力になりえるのです。

これが、渋沢栄一の合本主義のメッセージです。

理想を掲げよ！　夢は必ず叶う！

そんなメッセージです。

当然、迷うこともあるでしょうし、心が折れそうになることもあると思います。

そのときは、渋沢栄一の33の教えを思い出してください。

あなたの理想の夢って何？

あなたの
夢

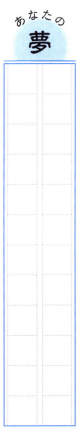

◉参考文献

渋沢栄一『雨夜譚』（岩波文庫）
渋沢栄一『渋沢栄一訓言集』（国書刊行会）
渋沢栄一『富と幸せを生む知恵』（実業之日本社）
渋沢栄一『論語講義』（講談社学術文庫）
渋沢栄一『論語と算盤』（国書刊行会）
渋沢栄一『青淵百話』（同文舘）
渋沢栄一、守屋淳訳『現代語訳 論語と算盤』（ちくま新書）
渋沢栄一記念財団編『渋沢栄一を知る事典』（東京堂出版）
渋沢秀雄『父 渋沢栄一 新版』（実業之日本社）
渋澤健『あらすじ論語と算盤』（宝島社新書）
渋澤健『渋沢栄一 １００の金言』（日経ビジネス人文庫）
渋澤健『渋沢栄一 １００の訓言』（日経ビジネス人文庫）

【著者紹介】
渋澤　健（しぶさわ　けん）
「日本の資本主義の父」といわれる渋沢栄一の玄孫。シブサワ・アンド・カンパニー代表取締役、コモンズ投信取締役会長。国際関係の財団法人から米国でMBAを得て金融業界へ転身。外資系金融機関で金融市場の業務に携わり、米大手ヘッジファンドの日本代表を務める。2001年に独立。2007年にコモンズ（現コモンズ投信）を設立。今年で12期を迎える「論語と算盤」経営塾を主宰し、渋沢栄一の思想の現代意義を主なテーマとする講演活動・企業研修で全国を巡る。経済同友会幹事、UNDP（国連開発計画）SDG Impact Steering Committee Group委員、外務省SDGsの達成のための新たな資金を考える有識者懇談会座長などを務める。主な著書は、『渋沢栄一 100の訓言』（日本経済新聞出版社）、『あらすじ論語と算盤』（宝島社）、『寄付をしてみよう、と思ったら読む本』（共著、日本経済新聞出版社）、『SDGs投資 資産運用しながら社会貢献』（朝日新聞出版）、『日本再起動』（東洋経済新報社）など。

33歳の決断で有名企業500社を育てた
渋沢栄一の折れない心をつくる33の教え

2020年6月11日発行

著　者——渋澤　健
発行者——駒橋憲一
発行所——東洋経済新報社
〒103-8345　東京都中央区日本橋本石町1-2-1
電話＝東洋経済コールセンター　03(6386)1040
https://toyokeizai.net/

装　丁……………藤塚尚子（e to kumi）
漫画・イラスト……イマイマキ
ＤＴＰ……………川野有佐
写　真……………渋沢栄一記念財団
編集協力…………鈴木雅光（JOYnt）
印刷・製本………丸井工文社
編集担当…………水野一誠

ISBN 978-4-492-04663-0